POLITESSE

ET

BONNE TENUE

J. MAYAUD
DIRECTRICE D'ÉCOLE NORMALE

POLITESSE
ET
BONNE TENUE

« Il n'y a aucun signe extérieur de politesse qui n'ait un principe moral. La bonne éducation serait celle qui donnerait à la fois le signe et le principe. »

GŒTHE.

PARIS
ÉDOUARD CORNÉLY ET CIE, ÉDITEURS
101, RUE DE VAUGIRARD, 101

1908

AVANT-PROPOS

Ce petit livre répond à un désir que m'ont exprimé plusieurs membres de l'enseignement primaire. En quelques leçons ou lectures familières qu'il appartient aux maîtres de compléter selon les besoins et la nature de leur auditoire, j'ai essayé de donner aux enfants de nos écoles et à la jeunesse de nos cours d'adultes, les premières notions de savoir-vivre et de bonne tenue. — Je ne me suis pas proposé d'ailleurs de « renouveler » un sujet connu, mais de le présenter dans son vrai jour, m'a-t-il semblé. Les anciens manuels de « civilité puérile et honnête » ne répondent plus aux exigences de notre époque. Les prescriptions qu'ils renferment paraissent superficielles, voire même parfois humiliantes et serviles, faute d'être appuyées sur des principes acceptés par notre raison ; par suite, elles n'ont pas toujours un caractère humain, universel. Il m'a donc paru utile de marquer cet ouvrage d'une tendance nouvelle, afin qu'il puisse convenir aux enfants d'une société laïque et démocratique. Au surplus, l'enseignement de la politesse, comme celui de la morale dont il ne se sépare pas, s'adressant avant tout au cœur et à la volonté, ne saurait être réduit à un code de formules : faire de la civilité une sorte de catéchisme destiné à être appris et récité par cœur, serait évidemment absurde, et le temps n'est plus où pareille tentative aurait quelque chance d'aboutir. Mon but a été surtout d'appeler l'attention de l'enfant sur la valeur de la bonne éducation, sur la supériorité sociale qu'elle assure à celui qui la possède. J'ai cherché à rattacher les conseils aux principes qui les expliquent et à ne faire entrer dans cette étude que les règles du savoir-vivre les plus larges, les plus usuelles. D'autre part, je n'ai pas craint, en les commentant, de parler avec quelque détail de choses qui ne sont d'ailleurs que des détails. Pour emprunter le langage d'un auteur contemporain, Abel Hermant, « je ne pense pas faire preuve de petit esprit en m'attachant à ces apparentes petitesses. La politesse est un de nos acquêts les plus précieux, mais on en sentira mieux le prix si, au lieu de son nom rebattu de politesse, je lui donne celui de civilisation auquel elle a droit aussi, puisque l'étymologie les fait synonymes ».

POLITESSE ET BONNE TENUE

AVERTISSEMENT

I

De l'utilité d'un enseignement familier de la politesse à l'école primaire.

L'importance de la bonne éducation n'échappe à aucun maître, et pourtant l'école s'en remet trop souvent à la famille du soin de former l'enfant à la politesse. De leur côté, beaucoup de parents se désintéressent de cette tâche ou sont incapables de la bien remplir. Un enseignement sérieux de la politesse dans les écoles primaires aurait le double avantage de profiter à la fois à l'élève et aux familles. En effet, par l'intermédiaire de l'enfant qui répète volontiers ce qu'on lui a dit en classe, les leçons du maître pénétreraient au foyer domestique; tout au moins un écho affaibli s'y ferait entendre qui pourrait avoir un effet bienfaisant. Mais surtout les parents, les frères et les sœurs seraient amenés, par l'exemple d'un fils ou d'un frère initié à des manières plus douces et plus polies, à modifier les leurs. A leur insu même, ils réformeraient insensiblement leur tenue, leur langage, leurs actes; ils perdraient l'habitude de parler trop fort, de se fâcher pour des riens, de se permettre des expressions triviales ou grossières. Ces résultats seraient d'autant plus assurés que les parents les moins bien élevés tiennent assez à ce que leurs enfants aient sur eux la supériorité du bon ton. Il est même à remarquer que l'habitant de la campagne est très sensible au charme de la bonne éducation. Il subit, par exemple, le prestige d'une parole distinguée, et les orateurs les plus goûtés de la foule ne sont pas ceux qui cèdent à la tentation d'être vulgaires. Au village, l'enfant salue même les personnes étrangères; il se laisse interroger, s'empresse de donner un renseignement, de rendre service. Dès son bas âge, il est formé à cette sorte de civilité spontanée, et le maître trouve souvent en lui des dispositions meilleures que chez l'écolier de la ville.

Qui ne voit aussi combien serait favorable au recrutement de nos écoles primaires, le progrès réalisé par les élèves au point de vue de l'éducation? Que de parents hésitent encore à y placer leurs enfants, à cause de l'influence toujours à craindre des camarades mal élevés!

II

Caractères que doit présenter cet enseignement à l'école primaire.

Un enseignement familier de la politesse, organisé d'une façon intelligente dans nos écoles primaires, serait donc une initiative heureuse, nous semble-t-il. Pour que la portée en soit générale, le maître devrait s'inspirer à la fois des besoins actuels de son auditoire et de ses besoins futurs. Ces leçons, prises sur le temps réservé à l'instruction morale, ne présenteraient, il va sans dire, aucun caractère mondain; ce sont des conseils familiers et pratiques qui conviennent aux enfants du peuple et les raffinements de l'étiquette ne sont pas leur affaire. Par contre, nous n'entendrions pas exclure du programme certaines règles du savoir-vivre qui sont de pure convention; il est bon de les leur faire connaître, du moins les principales, afin de leur éviter, dans l'avenir et en maintes circonstances, bien des hésitations, des maladresses et des blessures d'amour-propre. Toutefois, notre parole ne sera vraiment efficace que si l'élève se retrouve lui-même dans les exemples placés sous ses yeux; que si, d'autre part, le maître pénètre dans le menu détail au lieu de rester dans les généralités. Ainsi, ne vous bornez pas à dire aux enfants qu'il faut saluer les personnes de connaissance; dites-leur comment il faut saluer, et qu'on ne salue pas de la même manière son camarade ou son maître. Ne leur dites pas seulement : « Il faut bien se tenir à table »; mais précisez le sens de cette formule en expliquant comment on doit se tenir et comment on doit manger. Ces conseils, pris isolément, peuvent paraître puérils; chacun d'eux cependant concourra pour sa part, et à condition qu'il passe dans la pratique, à donner aux élèves le sens de la politesse.

Car c'est bien là, en dernière analyse, l'objet essentiel à poursuivre, et voilà pourquoi notre enseignement doit être aussi théorique que pratique. Non seulement il conviendra de rappeler tout d'abord les principes moraux qui servent de base à la politesse, mais tous les conseils seront présentés de telle sorte que l'élève apercevra nettement le lien qui les rattache aux principes. Sans ce commentaire, ils resteraient lettre morte : ils seraient autant de recettes empiriques qui ne parleraient ni au cœur ni à l'intelligence de l'enfant. Qu'importe, en revanche, que nous en oubliions quelques-uns, si celui-ci nous a compris et a été touché! Le sens de la politesse, éveillé ou fortifié en lui, suppléera aux lacunes de notre enseignement.

Ne perdons pas de vue, d'ailleurs, que nos leçons ont leur vrai point d'appui dans l'enseignement moral proprement dit. Il reste toujours vrai que l'important est d'aller à la racine du mal, de combattre chez les jeunes gens certaines dispositions susceptibles de les rendre incivils : l'esprit critique, celui de contradiction, de médisance, de moquerie, un égoïsme foncier attentif à ses seules commodités, une sotte vanité qui les persuade que tout leur est dû et qu'ils ne doivent rien aux autres.

Des récits bien choisis compléteraient heureusement nos instructions qui doivent s'enrichir encore et surtout des conseils, des observations et même des éloges que le maître a l'occasion d'adresser chaque jour aux élèves à propos de leur tenue. Il semble inutile d'ajouter que celui-ci devra toujours être la personne de bon ton et de bonne compagnie dont l'heureuse influence, autant que les leçons, modifiera peu à peu les manières de son jeune entourage.

L'enfant pourra très utilement améliorer plus tard son éducation dans les classes d'adultes et les réunions du dimanche organisées par les comités de patronage. Est-ce à dire qu'il n'aura plus rien à apprendre sur la civilité après avoir reçu notre enseignement? Non certes, et c'est à l'école de l'expérience qu'il demandera des leçons en sortant de la nôtre. Il se perfectionnera par le commerce avec la société, à deux conditions toutefois : qu'il ait la bonne volonté de « s'élever », et qu'il sache observer. Et ce que ni la société, ni le maître, ne diront à l'enfant et à l'adulte, ceux-ci le trouveront d'eux-mêmes; leur tact naturel, développé par l'éducation, sera souvent leur meilleur guide; ils sauront parler et agir, même quand des circonstances nouvelles déconcerteront toutes leurs habitudes.

CHAPITRE PREMIER

IMPORTANCE MORALE ET PRATIQUE DE LA BONNE ÉDUCATION

I

La politesse française de nos jours par opposition à celle d'autrefois.

On se plaint, est-ce avec raison? que les bonnes traditions de la politesse française se perdent un peu plus chaque jour. Quelques-uns ne se contentent pas de signaler le mal; ils en cherchent la cause et prétendent l'avoir trouvée dans la négligence de notre éducation laïque qui semble se préoccuper surtout de former l'esprit et même le cœur des jeunes gens, mais se désintéresse de leur tenue et de leurs manières.

Supériorité de la politesse actuelle sur celle d'autrefois. — Sans chercher ce qu'il peut y avoir de fondé dans ces critiques, reconnaissons du moins, à la décharge de notre époque, que la politesse contemporaine, tout imparfaite qu'elle est, l'emporte cependant sur celle d'autrefois. Au

XVIIe siècle, par l'effet même de la distinction des classes, l'urbanité du grand seigneur à l'égard de ses pairs n'avait d'égale que son insolence, parfois grossière, vis-à-vis de ceux qu'il considérait comme ses inférieurs. « Il faut bien du fumier pour fertiliser ses terres », telle était la formule d'excuse de Mme de Grignan, dont le fils avait épousé une héritière d'origine obscure. Au surplus, sous l'ancienne monarchie, la politesse était plutôt, à proprement parler, de l'étiquette. Le principe d'autorité, sur lequel reposait l'édifice politique et social de la nation, tendait à multiplier, de toutes les manières, les barrières entre le souverain et ses sujets, les seigneurs et leurs vassaux, les nobles et les roturiers; mais ces rites compliqués, ces nuances infinies dans le mode des salutations et les questions de préséance, n'étaient, le plus souvent, qu'un vernis étranger à tout sentiment de respect véritable. Ce n'est pas assez dire : la cour de Louis XIV qui, à nos yeux abusés, représente l'élégance suprême, était en réalité assez grossière; la courtoisie qui y régnait, raffinée sur certains points, s'accompagnait, sur d'autres, d'une vulgarité de mœurs tout à fait choquante. Le roi, comme tout son entourage, manquait aux règles de la plus élémentaire bienséance, et, à divers égards, il apparaîtrait comme fort mal élevé à ceux d'entre nous qui se piquent le moins de bon ton et de délicatesse. Dans nos démocraties modernes, au contraire, où l'on comprend si bien que la valeur de la personne dépend de son mérite propre et non de sa naissance, où l'on a rendu ses titres à la nature humaine et reconnu à chacun le droit de prétendre aux charges publiques, la politesse a pris une signification profonde en même temps qu'elle s'est étendue à tous les individus. Elle est devenue vraiment le symbole du respect, l'hommage volontaire de l'homme à l'homme. Et ce sentiment du respect est appelé à s'affermir de plus en plus dans l'âme des citoyens; un État qui se gouverne lui-même doit avoir des citoyens éclairés et respectueux de leurs droits réciproques; il est donc conduit à favoriser le développement de l'instruction et de la culture morale. Sans doute, la politesse actuelle comporte des nuances comme au temps passé, et varie selon la personne qui en est l'objet; mais ces distinctions résultent de la nature des choses; il est nécessaire et légitime de témoigner, par exemple, de la déférence à nos supérieurs par l'âge, l'expérience ou la situation, et un respect tout particulier à ceux que leur travail, leur talent ou leurs vertus élèvent au-dessus de nous. En tout cas, les raffinements subtils de l'ancienne courtoisie ont disparu de nos mœurs au profit des formes essentielles du savoir-vivre. La démocratie, en facilitant au peuple l'accès de toutes les fonctions, en prenant dans son sein les représentants chargés de la diriger, tend à amener la fusion des classes et leur influence mutuelle. Tel, issu d'une « bonne famille », selon une expression courante assez impropre, se forme à une politesse plus simple et moins conventionnelle au contact de gens moins raffinés. Tel autre, d'humble origine, et dont les manières sont un peu lourdes et rustiques, se « façonne » à mesure qu'il s'élève dans les rangs de la société, acquiert plus de correction et d'aisance. Cette action réciproque se manifeste dès le lycée où le fils intelligent et laborieux du paysan et de l'ouvrier travaille à côté des enfants des hauts fonctionnaires ou de la riche bourgeoisie.

Comment nous avons encore des progrès à réaliser en la matière. — Ainsi, la démocratie favorise la diffusion d'une certaine politesse générale. Mais, cette concession faite à notre temps et à notre amour-propre, avouons de bonne grâce qu'il y a encore matière à exercer nos efforts et notre initiative sur ce point. Par une fausse interprétation du sentiment de l'égalité et de l'esprit d'émancipation, certains sont conduits parfois à oublier les égards qu'ils doivent à leurs semblables, et ne sont pas loin de croire humiliant tout acte de déférence envers les autres et surtout envers leurs supérieurs. Le mal n'est pas général ; toutefois, il est assez répandu pour mériter d'être signalé. D'autre part, quelques personnes affectent de professer le mépris de la politesse ; d'après elles, les usages en seraient puérils, tout de surface, sans portée réelle, propres à détourner de préoccupations plus sérieuses, et même à altérer la sincérité et l'indépendance du caractère. Cette théorie est avant tout commode; elle met à l'aise ceux qui prétendent s'affranchir des obligations sociales, et elle leur permet, à l'occasion, de couvrir leur impertinence du beau nom de franchise. Ils s'empressent seulement de l'oublier le jour où, victimes à leur tour de procédés peu courtois, ils sont blessés dans leur amour-propre.

On pourrait citer bien des exemples à l'appui de ces opinions diverses ; mais ils ne prouveraient guère qu'une chose, c'est que l'on confond trop souvent la déférence et la servilité, l'esprit et la lettre de la politesse, le savoir-vivre avec ce qui n'en est que la déformation ou la grimace : l'obséquiosité et la flatterie. Il n'y a rien de commun entre l'esprit de politesse, « cette attention à faire que par nos paroles et par nos manières les autres soient contents de nous et d'eux-mêmes », et ces « protestations d'offres et de serments » dont l'exagération ridicule suffit à démontrer le peu de solidité ; entre la réserve froidement polie que nous gardons à l'endroit des personnes que nous avons des raisons particulières et sérieuses de ne pas aimer, et l'hypocrisie de ceux qui donnent le change sur leurs véritables sentiments. On aurait donc tort de mettre sur le compte d'une qualité vraiment précieuse les abus dont elle n'est pas responsable. Non seulement la politesse ne nous porte pas à nous humilier, mais elle nous élève ; elle ne se réduit pas à un ensemble de préceptes plus ou moins factices, mais elle a son point d'appui en nous-mêmes ; enfin, grâce aux nuances qu'elle peut revêtir selon les circonstances, et qui marquent les degrés entre la stricte correction des manières et la parfaite courtoisie, il est toujours possible de la concilier avec la sincérité. Au reste, il suffit de se rappeler les principes sur lesquels elle repose pour se convaincre de sa valeur morale ; les vérités les plus banales sont bonnes à répéter ; elles perdent ce caractère lorsqu'on veut bien y réfléchir sérieusement, et la conviction de l'esprit amène alors l'énergie de l'action.

II

Analyse de la politesse. — Ses manifestations.

Analyse de la politesse; principes qui la justifient; qualités qu'elle suppose. — Nous croyons et répétons que la politesse a son origine dans le respect et même dans la bienveillance que nous devons aux autres ; mais, comme toutes les formules, celle-ci peut être vide ou riche de sens selon l'ardeur de notre persuasion. Eh bien, il faut que tous nous sentions très vivement l'étroit rapport qui existe entre ce que Kant appelle « les vertus de société » et la vertu proprement dite, la réciprocité d'influence qui s'exerce de nos sentiments sur nos actes, et de nos actes sur nos sentiments. C'est parce que nous respectons nos semblables, que nous leur parlons poliment, que nous évitons de les gêner et de les froisser. C'est parce que nous éprouvons pour eux de la sympathie, que nous poussons jusqu'au scrupule la crainte de les blesser gratuitement, que nous faisons volontiers le sacrifice de nos droits, que nous sommes prévenants et aimables. Par la politesse, nous témoignons aux autres que nous reconnaissons leur caractère de personne morale, que nous respectons en eux la dignité humaine comme nous la respectons en nous ; telle est, en particulier, la signification du salut qui est une façon ostensible de nous incliner devant la personnalité d'autrui. Par la politesse, nous étendons le cercle de la charité ; non pas, sans doute, qu'elle nous inspire de véritables sacrifices ; mais ce n'est pas tous les jours que nous avons l'occasion de nous dévouer pour nos semblables, et tous les jours, par contre, nous pouvons nous appliquer à leur être agréables et à leur faire la vie plus douce. Vanité, esprit de contradiction, humeur maussade, égoïsme surtout, autant de travers ou de vices qui ne sont pas compatibles avec la bonne éducation. Si nous n'avons vraiment le cœur simple, juste et bon, notre politesse restera bien extérieure et superficielle, malgré ce que nous pouvons attendre de l'influence des bonnes habitudes sur nos sentiments. Il en sera de nous comme de ces gens dont la politesse de vernis disparaît dans les rencontres sérieuses d'affaires où leurs intérêts sont engagés, et met à nu le fond égoïste ou vulgaire de leur nature. Nous avons tous connu des personnes qui, dans ces circonstances, deviennent aussi blessantes qu'elles se montraient auparavant prévenantes et aimables. Le véritable savoir-vivre ne connaît point ces défaillances, parce qu'il a ses attaches naturelles dans le cœur.

La politesse implique également le respect de soi-même, et en ce sens elle est une des formes des devoirs envers nous-mêmes. Celui qui s'estime, qui a le vif sentiment de sa dignité personnelle, ne veut point avoir à rougir de lui ; il évite dans son langage et ses actes, comme avilissant et propre à le dégrader à ses yeux, tout ce qui pourrait être une offense pour les autres ; il veut enfin pouvoir se rendre ce témoignage qu'il a conscience de la valeur de sa nature et qu'il ne fait rien qui puisse l'abaisser.

A un certain degré de réflexion morale, on s'aperçoit d'ailleurs que ces deux sentiments, le respect des autres et le respect de soi-même, se confondent. Ce que j'honore dans les autres, c'est ce que j'honore en moi ; eux et moi, nous possédons des attributs communs qui font de nous des êtres en quelque sorte sacrés : une intelligence capable de concevoir le bien, un cœur disposé à l'aimer, une volonté qui peut le réaliser librement. « Insensé qui croyais que je n'étais pas toi ! » s'écrie Victor Hugo. Ce sentiment de l'étroite unité de tous les hommes, de la solidarité morale en vertu de laquelle ils participent tous de la même nature élevée, nous le retrouvons donc au fond de nos obligations sociales.

Il est une autre forme de la solidarité qui explique aussi nos devoirs envers nos semblables. Les divers membres de la société ne peuvent vivre en paix et maintenir le lien qui les unit, qu'à la condition de se ménager réciproquement et de se faire de mutuelles concessions. Ceux dont l'égoïsme s'accommode mal de ces contraintes, cherchent à y échapper ; mais la plus stricte justice leur commande de contribuer au maintien de cet ordre général dont ils retirent, comme tout le monde, de précieux avantages.

Tels sont les principes essentiels sur lesquels repose la politesse. Il convient d'ajouter peut-être qu'un certain sentiment esthétique n'est pas étranger aux règles du savoir-vivre, dans ce qu'elles ont surtout de raffiné ; mais, même dans la politesse courante, exempte de toute recherche, on peut retrouver le souci de mettre de l'agrément, de la grâce, et comme un peu de poésie dans la vie sociale. Quelle différence, au seul point de vue du charme et de la beauté, entre une réunion de gens rudes et grossiers et une société de personnes bien élevées ! C'est que la politesse est un art, et comme tous les arts, elle est faite de mesure, d'ordre et d'harmonie. Elle suppose encore un don naturel, le tact, ce jugement subtil qui perçoit les nuances les plus délicates, qui est fait des qualités les plus fines de l'esprit et des intuitions les plus heureuses du cœur.

Ce que nous venons de dire de la politesse s'applique aussi à la bonne tenue qui en est inséparable. La politesse des mœurs exige, en effet, que notre manière « d'être » comme notre manière « d'agir » soit conforme aux règles de la bienséance. C'est encore une façon de se respecter soi-même et de témoigner sa déférence aux autres que de soigner son corps et ses vêtements, de garder toujours un maintien correct, en un mot, d'avoir un extérieur convenable, et agréable si c'est possible.

Manifestations de la politesse. — La politesse s'appuie donc sur des sentiments élevés, des principes moraux que nous retrouvons partout et toujours. Ils se traduisent, il est vrai, par des formes multiples, variables selon les temps et les lieux, et appelées à se modifier constamment avec la société elle-même. C'est ainsi que le salut est compris différemment selon les époques et les nations ; au XVIIe siècle, siècle du cérémonial par excellence, les révérences étaient en grand honneur ; aujourd'hui l'on s'aborde en se serrant simplement la main. « Il est des peuples, a dit Montaigne, où l'on tourne le dos à celui que l'on veut honorer. Il en est d'autres où l'on salue en mettant le doigt à terre et puis le haussant vers le ciel. » Certains usages qui ont survécu à leur temps, en quelque sorte, peuvent nous surprendre, nous paraître même inexplicables ; cependant, quand on remonte à leur origine, on s'aperçoit qu'ils ont eu leur raison d'être, et qu'entre le principe et la forme, il y a presque toujours eu une relation. Par exemple, les règles de politesse concernant les rapports mondains de l'homme et de la femme sont vraisemblablement un écho des mœurs de la chevalerie, mœurs qui, après s'être localisées dans une classe, se sont généralisées dans la société. Au moyen âge, la femme a incarné l'art, la poésie, la douceur de vivre, un certain idéal qui n'avait pas alors d'autre représentant, et ce rôle a été le point de départ de son relèvement social et des coutumes qui lui attribuent une sorte de prééminence fictive.

Hâtons-nous d'ajouter que des pratiques courantes, devenues plus ou moins conventionnelles, des formules banales et comme stéréotypées, ne constituent pas, certes, tout le savoir-vivre. Le cœur a ses trouvailles sur lesquelles les caprices de la mode n'ont pas de prise ; il sait se faire ingénieux en attentions délicates, et le grand charme de la politesse vient précisément de ce qu'elle offre de souple et de spontané dans ses manifestations.

Comment notre politesse doit s'étendre à tous. — Toutefois, elle ne mérite son nom qu'à la condition de s'adresser à tous, sans distinction de naissance, de fortune, de situation, et même « cet hommage volontaire que nous rendons aux autres est d'autant plus noble que l'initiative vient du fort. L'homme s'incline devant la femme, le jeune homme devant le vieillard, la maîtresse de maison devant ses hôtes. » Limitée à quelques privilégiés, la politesse se détruit elle-même pour ainsi dire, et il y a quelque chose de choquant et de grossier dans l'éducation d'une personne qui se montre aussi dédaigneuse envers les uns que prévenante et empressée à l'égard des autres.

Du moins, ne se trouve-t-on pas dégagé de tout devoir de civilité à l'endroit des impertinents, c'est-à-dire de ceux qui ne s'en reconnaissent aucun envers nous ? Non pas, et c'est même surtout dans cette circonstance que notre correction, quelque peu ironique en l'espèce, doit rester parfaite. C'est un fait d'expérience courante qu'elle déconcerte nos adversaires et les ramène au sentiment des convenances, quand elle ne les couvre pas de confusion. Mais un mobile plus noble que le souci d'une légitime défense doit guider notre conduite ; nous devons avoir à cœur de ne pas nous rabaisser au niveau des personnes mal élevées, et nous dire qu'après tout, leur attitude n'est vraiment humiliante que pour elles, si nous ne l'avons pas provoquée. Et le plus sage, en définitive, est encore d'entrer le moins possible en conflit avec elles, ce qui revient presque à dire d'entrer le moins possible dans leur intimité ; la bonne entente ne peut, en effet, régner d'une façon durable qu'entre gens de bonne compagnie.

III

Importance morale et pratique de la politesse.

Avantages moraux de la politesse. — Analyser la politesse, c'est par cela même affirmer sa valeur morale ; c'est montrer que le devoir d'être poli se confond, la plupart du temps, avec celui d'être juste et bon, et exige souvent le sacrifice de notre égoïsme. Et, en admettant que la politesse n'ait pas son origine dans un sentiment désintéressé, mais dans le simple désir que nous avons de passer pour bien élevés, en admettant qu'elle ne soit tout d'abord qu'un ensemble de procédés courtois, devenus familiers par l'habitude, elle garderait encore une véritable valeur morale. Il n'est certes pas indifférent à notre entourage que nous soyons bien ou mal élevés. De notre manière d'être à l'égard des autres dépend un peu leur bonheur journalier ; ils nous sont reconnaissants d'être aimables ; plus sûrement encore, — et ils ont bien raison ! — ils nous savent mauvais gré de ne pas l'être. La bonne éducation améliore les manières des garçons, quelquefois rudes ou même vulgaires. Elle développe les dispositions natives de la jeune fille, grâce, aménité, délicatesse, et la prépare ainsi à son rôle social qui est de conserver la tradition du bon goût et d'adoucir les mœurs par son influence. En un mot, elle émousse les angles et les aspérités des caractères et rend les relations plus faciles. N'aurait-elle que cet avantage, elle mériterait bien, semble-t-il, d'être enseignée. Mais, d'ailleurs, il est rare qu'elle reste une habitude purement extérieure, et par la pratique même des vertus de caractère auxquelles elle nous oblige, elle peut nous conduire à les posséder réellement ;

une harmonie tend à s'établir entre nos bonnes manières et nos bons sentiments, et parfois celles-là font naître ceux-ci. Suivant les paroles de M. Legouvé : « Quand l'enfant salue, ce n'est d'abord que sa tête qui s'incline ; quand sa bouche vous souhaite, comme dit A. Chénier, la bienvenue au jour, ce n'est que sa bouche qui parle ; mais à mesure que ces actes et ces mots se répètent, ils passent peu à peu des lèvres au cœur, du front à l'intelligence. » C'est pourquoi la politesse échappe au reproche que lui ont adressé d'austères moralistes ; bien comprise, elle n'est pas, comme ils le prétendent, une variété de l'esprit d'hypocrisie, quelque chose de tout à fait factice et conventionnel ; l'habitude constante de menus sacrifices accomplis pour les autres, modifie généralement à la longue une nature égoïste.

Pour nous, Français, être polis, c'est presque aussi un devoir national. La courtoisie est, en effet, réputée qualité française par excellence, et nos ennemis, si prompts à nous décrier par ailleurs, s'accordent à nous la reconnaître. Sans remonter au temps de la chevalerie, ni même au XVIIe siècle, où la cour des rois de France était devenue, pour ainsi dire, le régulateur du savoir-vivre et des belles manières, des témoignages plus récents confirment cette assertion. Gœthe fait dire au principal héros de l'un de ses poèmes : « Vos voisins les Français font grand cas de la politesse ; elle est chose commune au gentilhomme, au bourgeois et au paysan ;

chacun la recommande aux siens. » Un autre poète allemand partage cette opinion. Henri Heine, arrivant à Paris en 1830, est agréablement surpris de ne plus recevoir « les silencieuses bourrades allemandes » des passants, et il s'écrie : « Ici, les gens sont si polis! Si par hasard quelqu'un me heurte dans la rue sans me demander immédiatement pardon, je parierais que c'est un compatriote, et non un Français... Des mélodies de Rossini n'auraient pas résonné avec plus de suavité à mon oreille que les excuses courtoises d'un Français qui, le jour de mon arrivée, m'avait heurté fort légèrement dans la rue. » L'écrivain anglais, Sterne, dans son *Voyage sentimental*, rend également justice à la politesse de nos mœurs. Enfin, tout récemment encore, le tsar Nicolas, lors de son voyage à Paris, était frappé du bon ton et de la délicatesse que sait garder le peuple parisien dans ses manifestations.

— Puisque, de l'aveu de tous, amis ou adversaires, la courtoisie fait partie de notre caractère national, il importe de conserver à notre pays ce bon renom dont il jouit.

Avantages pratiques de la politesse. — Et, si nous nous plaçons au point de vue pratique, la bonne éducation nous paraît avoir des avantages incontestables. Elle nous attire la sympathie; elle nous donne une assurance modeste et de bon aloi; elle met en valeur notre mérite, tout au moins elle nous empêche de le compromettre par notre gaucherie, notre timidité et notre ignorance du savoir-vivre. Mais aurait-elle simplement pour effet de nous préserver de la critique superficielle des étrangers et des indifférents, qu'elle aurait encore son utilité. « Les manières que l'on néglige comme de petites choses, a dit La Bruyère, sont souvent ce qui fait que les hommes décident de vous en bien ou en mal ; une légère attention à les avoir douces et polies prévient leurs mauvais jugements. Il ne faut presque rien pour être cru fier, incivil, méprisant, désobligeant ; il faut encore moins pour être estimé tout le contraire. » La classe ouvrière a même un intérêt tout particulier à se former aux manières polies. Pourquoi, à notre époque démocratique, sa fusion avec les autres classes de la société rencontre-t-elle tant d'obstacles ? Est-ce l'effet d'un certain dédain de la bourgeoisie pour ceux qui ne sont pas favorisés de la fortune ? Peut-être, mais de tels préjugés deviennent de plus en plus rares, chez les esprits éclairés du moins. Pourtant, ceux-là mêmes qui comprennent que la richesse ne constitue pas une supériorité réelle et capable « d'imposer », qui sont les premiers à s'incliner devant le seul mérite personnel, ne fraternisent pas toujours volontiers avec l'humble travailleur assujetti à une tâche pénible. C'est que le travailleur choque quelquefois, par la rudesse ou même la vulgarité de ses manières, la délicatesse de l'homme bien élevé. Le jour où il aura plus de savoir-vivre, où il observera mieux les bienséances, ce jour-là, un grand pas sera fait, croyons-nous, dans la voie du rapprochement des classes, et le problème social deviendra peut-être moins difficile à résoudre.

CHAPITRE II

LA BONNE TENUE

(PREMIÈRE PARTIE)

DE LA PROPRETÉ DU CORPS ET DES VÊTEMENTS CONSEILS RELATIFS A LA TOILETTE

I

De la propreté du corps et des vêtements.

Ce qui nous frappe tout d'abord chez une personne que nous voyons pour la première fois, c'est sa tenue. Selon que sa mise est plus ou moins soignée et décente, et qu'elle-même est plus ou moins propre, selon que ses manières sont plus ou moins convenables, nous sommes prévenus ou non en sa faveur.

Raisons pour lesquelles nous devons être propres. — Certes, nous n'avons pas toujours tort de « juger les gens sur la mine ». La propreté du corps et des vêtements, dont nous parlerons en premier lieu, nous est surtout recommandée par l'hygiène et le bon goût ; elle est encore, pour la plupart d'entre nous une condition de bonne humeur et d'entrain au travail ; enfin, elle nous est prescrite par le respect de soi-même et des autres. Le corps est étroitement uni à l'âme dont il est l'enveloppe et l'instrument ; celui qui le néglige semble indiquer par là qu'il fait bien peu de cas de sa personnalité morale. Quand nous voulons honorer un ami, nous faisons en sorte que notre maison soit convenable pour le recevoir ; c'est aussi une façon d'honorer notre âme que de lui ménager une demeure digne d'elle. De même, quand nous possédons un bijou de valeur, nous ne le plaçons pas n'importe où ; nous le serrons soigneusement dans un écrin ; notre âme, cette âme capable de bien penser, d'avoir de bons sentiments, de prendre et de tenir de courageuses résolutions, c'est le joyau précieux qui mérite, entre tous, d'avoir un écrin particulièrement soigné. Lorsque la propreté a vraiment son origine dans le respect de soi-même, elle n'est pas seulement l'indice de tout le prix que nous attachons à notre âme ; elle annonce des dispositions élevées et même une certaine délicatesse morale, qui dérivent, comme elle, du sentiment de notre dignité. Nous rapportons volontiers à ce mobile la propreté de ceux dont l'extérieur nous plaît, et voilà pourquoi nous sommes prévenus en leur faveur. Cette bonne impression qu'ils nous produisent nous paraît d'ailleurs témoigner de leur souci de nous être agréables, tout au moins de ne pas nous choquer. La propreté implique aussi, en effet, le respect des autres, et c'est n'avoir pas d'égards pour eux que de leur offrir le déplaisant spectacle d'une personne peu soignée.

Soins de propreté à donner au corps. — On comprend généralement la nécessité et l'importance des soins à donner au corps, et cependant combien se contentent d'une toilette sommaire qui consiste à laver le matin leur visage et leurs mains, et parfois d'une façon bien superficielle. C'est vraiment trop peu, et le corps réclame des soins plus minutieux. Tous les jours, le visage, le cou, les oreilles, les bras et les mains, seront soigneusement lavés et savonnés; les ongles seront irréprochables, très nets grâce à l'emploi de la brosse, et taillés comme il convient à l'aide de ciseaux; on lavera énergiquement ses dents, de préférence à l'eau tiède et au savon, au moyen d'une brosse assez dure. Une brosse pour la tête doit compléter le matériel de la table de toilette; elle est destinée à enlever la poussière des cheveux, après que ceux-ci ont été démêlés avec le peigne. Quant aux soins à donner au cuir chevelu, ils consistent en des lavages faits de temps à autre avec telle solution dont on trouvera la recette dans les livres d'hygiène. Enfin, les pieds ne doivent pas être négligés; le bain de pieds hebdomadaire, en usage dans certaines familles, est insuffisant, surtout en été, pour les tenir propres, et c'est tous les jours qu'il convient de les laver. Il s'agit là d'une petite habitude à prendre qui ne coûte aucune peine et procure en retour un véritable bien-être. Il va sans dire que les ongles des pieds doivent être aussi bien entretenus que ceux des mains.

Ces soins particuliers ne dispensent pas de soins plus généraux. A défaut de bains, qu'il n'est pas toujours aisé de prendre, particulièrement à la campagne, il est indispensable de procéder à de fréquentes ablutions en employant le savon, s'il est nécessaire. Il est évident que dans les familles d'ouvriers et de paysans où la vie plus active oblige les parents, et quelquefois les enfants, à se rendre, dès le lever du soleil, aux travaux des champs, des ateliers, des usines; où, d'autre part, les occupations sont le plus souvent salissantes, on se contente forcément de pratiques moins minutieuses que dans les familles bourgeoises; et cependant c'est à elles que conviendrait le mieux la pratique du *tub* qui ne coûte ni temps ni argent. En tout cas, il y a un minimum de propreté auquel chacun de nous peut et doit pourvoir.

Disons en passant (car il ne s'agit plus ici, à proprement parler, de notre bonne tenue, mais de celle de la maison), que le matériel de toilette, cuvette, pot à eau, verre à dents, peigne et brosses diverses doit être parfaitement tenu. Il serait au moins étrange qu'on se servît, pour se rendre propre, d'objets qui ne le sont pas, et le succès de notre toilette risquerait d'être mal assuré.

Propreté et décence de la mise. — Les mêmes raisons qui nous obligent à ces soins divers, s'appliquent à l'entretien de notre habillement. Tous nos vêtements, surtout ceux qui touchent le corps, doivent toujours être propres et en bon état; ce ne serait pas vraiment se respecter que de ne pas changer assez fréquemment de linge, et nous rougirions si les autres pouvaient s'apercevoir de notre honteuse négligence. Une personne qui se tient bien a donc tous ses vêtements convenables. Ses chaussures sont cirées; les boutons ou les lacets y sont au complet; les talons, réparés à temps, ne sont pas déformés par un trop long usage. Ses gants ne sont pas percés. Ses habits peuvent présenter des traces de raccommodage, pièces ou reprises, mais ils ne sont ni tachés, ni décousus, ni déchirés; la doublure est aussi bien tenue que le reste, et le bas de la jupe ou du pantalon, repris à temps, n'offre pas à l'œil l'aspect lamentable d'une étoffe rongée par endroits. Enfin, le coup de brosse donné au chapeau a pénétré jusque dans les moindres replis pour en enlever la poussière. Ajoutons que notre mise doit être aussi décente qu'elle est soignée; les ajustements immodestes des jeunes filles, ou la tenue débraillée des garçons, sont contraires aux règles de la plus élémentaire bienséance.

II

Conseils relatifs à la toilette des jeunes filles.

Il est bien d'avoir une mise convenable. Si même

(et la chose dépend en partie de nous), notre extérieur peut être agréable, cela vaut encore mieux. A condition de ne pas donner aux préoccupations de la toilette une place trop importante dans notre vie, il convient de ne pas s'en désintéresser, mais encore faut-il être bon juge en la matière. Beaucoup de jeunes filles, surtout à la campagne, s'enlaidissent à plaisir, parce qu'un choix malheureux leur fait porter de préférence des chapeaux multicolores, des robes aux couleurs éclatantes qui font ressortir les imperfections de la coupe, et ne s'harmonisent ni avec leur coiffure, ni avec leur teint. D'autre part, ces costumes ont l'inconvénient d'attirer l'attention sur elles, de nuire à cette réserve dont elles ne devraient jamais se départir, et sur laquelle nous aurons l'occasion de revenir.

Le costume. — Quelques conseils leur sont donc nécessaires pour guider leur choix. Une robe peut être à la fois modeste, peu coûteuse et de fort bon goût. La couleur en sera discrète ; la forme et les garnitures simples et sans prétention, ni trop surannées, parce que c'est encore se singulariser que de ne pas s'habiller comme tout le monde, ni trop conformes, dans le détail, aux fantaisies variables de la mode qui est parfois excentrique ou peu seyante. Il faut se garder de croire que tout ce qui est « genre nouveau » est bon genre, et rester persuadé, au contraire, que la simplicité est la condition de la véritable élégance. Elle a d'ailleurs cet avantage pratique qu'elle nous dispense de renouveler souvent nos costumes ; on se lasse vite de ceux dont la forme est surtout originale, et, nous plairaient-ils longtemps, que nous serions bien obligés de les remplacer sous peine d'être ridicules.

La coiffure. — Ce que nous disons des robes est vrai aussi de la chaussure et de la coiffure. Par ce dernier terme, nous entendons parler non seulement du chapeau qui gagnera à être en harmonie avec la toilette, mais de l'arrangement des cheveux. Il ne suffit pas qu'ils soient propres et bien peignés ; il faut encore qu'ils soient disposés simplement, sans aucun apprêt si c'est possible, et naturellement de la manière la plus avantageuse pour notre visage.

Accessoires de la toilette. — Discrétion et simplicité, ces qualités qui sont par excellence celles de la femme, doivent se retrouver jusque dans les moindres détails de sa toilette. Jamais elle n'emploiera de ces parfums violents qui incommodent les voisins et la signalent à leur attention ; elle évitera de faire étalage de bijoux, d'orner ou plutôt de déparer ses doigts de multiples bagues souvent sans valeur, d'attacher à une chaîne toute une série de breloques tapageuses et à bon marché, qu'on s'attendrait plus légitimement à voir suspendues, en guise d'amusette, au cou d'un enfant. Cette ostentation témoigne d'un esprit frivole et d'un goût douteux.

Conformer notre toilette à notre âge, à notre situation et aux convenances du moment. — Nous donnerons, en terminant, un dernier et important conseil au sujet de la toilette. La bonne tenue nous fait une obligation de nous habiller selon les exigences de notre âge, de notre situation et les convenances du moment. Une personne âgée portera des vêtements plus sombres, et mieux en harmonie avec la gravité de son caractère, que ceux d'une jeune fille. Une femme qui vit seule est tenue à plus de discrétion dans sa mise qu'une autre qui sort toujours accompagnée. Telle robe non ajustée que nous gardons dans la chambre, ne convient plus dans la rue ou même à table ; telle autre, claire et élégante, de circonstance dans une fête, est déplacée dans une cérémonie funèbre. A nous de savoir discerner ces nuances si nous voulons « passer inaperçues », car, en définitive, c'est en ces deux mots que se résument tous les conseils précédents. Si, par hasard, l'on nous remarque, que ce soit seulement l'agréable simplicité de notre toilette qui attire discrètement l'attention des gens de goût.

CHAPITRE III

LA BONNE TENUE
(DEUXIÈME PARTIE)

DE LA CORRECTION DU MAINTIEN ET DE LA SIMPLICITÉ DES MANIÈRES.

I

De la correction du maintien.

La bonne tenue ne s'entend pas seulement, avons-nous dit, du soin que nous avons de notre corps et de nos vêtements, mais encore de la bienséance de notre attitude et de notre air, de notre démarche et de nos mouvements. Entrons un peu dans le détail de cette bienséance, et nous nous rendrons compte qu'elle a son origine dans les principes généraux sur lesquels le savoir-vivre est fondé.

Maintien du corps et de la tête. — L'homme a une station droite; par conséquent, fléchir les jambes, courber le buste en avant ou le rejeter en arrière, c'est contrarier le vœu de la nature; c'est avoir un maintien affaissé ou guindé qui risque de nous faire accuser de nonchalance ou de pose. L'attitude vraiment naturelle est éloignée de toute mollesse comme de toute affectation.

La tête aussi doit être tenue droite et sans raideur. Elle est le siège de la pensée, et il faut que, par notre façon de la porter, nous donnions l'impression d'un être intelligent et fier, qui sait que « sa dignité réside dans cette pensée », qui se respecte parce qu'il a conscience de sa noble destinée. Fier, avons-nous dit, mais non arrogant et dédaigneux; selon le mot de Mme de Maintenon, « la modestie est dans les yeux », et notre regard, doucement assuré, ne doit être ni timide ni hardi.

Que nous soyons assis ou debout, nous devons toujours éviter le laisser-aller ou la raideur. Il n'y a qu'une façon de se tenir raide, mais il est bien des manières d'avoir une tenue abandonnée. Une personne qui n'est pas d'aplomb sur sa chaise, qui se renverse sur le dossier ou se penche en avant, qui étire ses bras ou s'accoude sur une table, qui étend ses jambes, les écarte de façon disgracieuse, ou les replie gauchement sous le siège, cette personne manque de retenue et parfois de décence dans le maintien. Elle ne donne pas non plus une idée favorable de son caractère que l'on devine mou, sans ressort. Ces habitudes de nonchalance ne sont pas faites d'ailleurs pour lui communiquer plus de résolution, au contraire; elles ont une fâcheuse influence sur sa volonté qui « s'abandonne » à l'exemple du corps, et serait incapable, dans cette pose affaissée, de rien concevoir d'énergique.

Peu conformes à la dignité personnelle et au respect qu'on se doit, ces habitudes impliquent aussi un manque d'égards pour les autres; se mal tenir en leur présence suppose qu'il nous est indifférent de leur causer une impression désagréable. Une telle attitude n'est guère flatteuse pour notre entourage qui a raison d'en être choqué. Du reste, pour peu qu'on ait du goût, qu'on aime ce qui est harmonieux, on s'abstiendra de prendre ces poses négligées.

La démarche. — Les raisons qui justifient le bon maintien du corps s'appliquent à la démarche. Notre démarche doit être ferme, mais sans raideur. Autant qu'il sera en notre pouvoir, réglons-la de telle sorte qu'elle soit souple sans laisser-aller, et assurée sans hardiesse. Les gens qui balancent le buste ou les bras en marchant, qui portent les coudes en dehors, ou bien encore qui fléchissent trop les jambes, ont une allure toujours disgracieuse, parfois nonchalante. D'autre part, c'est enlever au corps sa grâce naturelle que de marcher sans souplesse, tous les muscles tendus en quelque sorte. Les pas trop menus donnent un aspect sautillant; les grands pas, un air brusque et cavalier qui déplaît, surtout chez la femme. Il convient de prendre une allure modérée et un pas moyen, en laissant la taille suivre naturellement l'impulsion du corps.

Gestes et mouvements divers. — Tous nos mouvements d'ailleurs doivent être mesurés. En général, les personnes qui ont l'élocution pénible appellent à chaque instant le geste au secours du mot pour en rendre le sens plus clair; la nature exubérante de certaines autres les porte à souligner, du bras ou de la main, la moindre de leurs paroles. Multiplier ainsi les gestes sans nécessité, c'est leur enlever toute valeur. Cette pantomime présente un autre inconvénient; elle rend un peu ridicule, et elle amène presque infailliblement le sourire sur les lèvres de ceux qui en sont témoins. Combien est agréable à voir, au contraire, une personne dont les gestes sobres sont réglés sur les besoins de la pensée et en harmonie avec elle, qui se possède, se domine, et dont les sentiments, si vifs et si profonds qu'ils soient, n'ont rien d'impétueux et de déréglé! Et ce même souci des convenances qui l'empêche de se donner en spectacle, lui interdit en public toute manifestation trop vive de ses sentiments, alors qu'ils seraient les plus légitimes du monde.

D'une façon générale, évitons dans nos mouvements la mollesse ou la brusquerie. Le sens de l'harmonie est tellement inné chez certaines personnes qu'elles font tout avec une aisance parfaite; d'autres, au contraire, par un malencontreux privilège, semblent tenir le record de la maladresse, et les efforts qu'elles déploient sont toujours ou trop petits ou trop grands. Elles touchent mollement et comme à regret la main qu'on leur tend, ou bien elles la serrent au risque de la meurtrir et la secouent avec insistance ; elles saluent par un mouvement brusque de la tête ou par un signe imperceptible ; elles s'asseyent timidement sur le bord de leur siège, ou s'installent bruyamment. Elles ne savent ni tousser, ni bâiller, ni rire, ni se moucher avec discrétion. « Elles jettent un siège ou un livre de toutes leurs « forces, comme un manœuvre ferait d'une pierre », a dit Mme de Maintenon. Qu'il s'agisse de frapper à une porte, de l'ouvrir ou de la fermer, de tirer un cordon de sonnette, de saisir un objet ou de le ramasser, elles sont maladroites ou brutales, et par suite un peu ridicules ; et elles restent gauches parfois dans l'inaction, surtout en présence des étrangers. Celui-ci ne cesse de tourner sa casquette entre ses doigts, de tirailler sa cravate ou les boutons de son vêtement, et paraît embarrassé de ses mains ; celui-là remue à chaque instant ses bras ou ses jambes qu'il ne sait où placer ; cet autre contracte son visage, porte les doigts à sa bouche, à sa tête, à son nez... ; tels les enfants intimidés. A quoi bon cette agitation? Quand les mouvements sont aussi superflus, le mieux est de n'en pas faire, et la meilleure contenance consiste encore à ne s'en donner aucune.

Les garçons ont généralement à surveiller leur tenue. Par une sorte d'aberration du goût, ils affectent volontiers des manières rudes, donnent dans la vulgarité par horreur de la pose, et confondent la rusticité avec la virilité. Leur amabilité à l'adresse de leurs compagnons se manifeste trop souvent par des coups de poing inoffensifs ou quelque bourrade familière. Sans doute, il faut se garder, sous prétexte de modestie et de réserve, d'émousser chez le jeune garçon l'esprit de décision, l'énergie morale qui caractérisent les natures bien trempées; on peut tolérer chez lui des manières moins douces et discrètes que chez la jeune fille, une gaieté plus expansive, une plus grande liberté d'allures; mais c'est à la condition qu'il ne manquera jamais aux convenances. Plus tard, homme fait, ce ne sera pas seulement une raison d'hygiène qui le préservera de l'intempérance; il évitera tout excès de boisson par souci de la dignité de sa tenue, et parce que l'ivresse conduit aux actes les plus vulgaires et les plus dégradants.

Ton. — Tout ce que nous venons de dire à propos des mouvements s'applique à la parole. Qu'elle puisse être entendue sans effort, mais sans devenir jamais criarde et vulgaire. A la campagne, où tout le monde se connaît, on a l'habitude non seulement de s'interpeller à distance, mais de parler sur un ton élevé et même assourdissant. Le respect que nous devons aux autres nous fait une loi et de ne pas les obliger à écouter péniblement des sons indistincts, et de ne pas blesser leur oreille par des éclats de voix trop sonores et discordants. Si notre articulation est nette, nous nous ferons entendre sans avoir besoin d'élever trop la voix. Ne prenons avec personne un ton cassant et dominateur qui peut faire croire à la sécheresse du cœur. D'autre part, un ton pédant ou mignard, affecté dans un sens ou dans l'autre, prête à la moquerie[1].

II

De la simplicité des manières.

« Soyons simples ! » voilà le conseil que nous donnerons en terminant. Il complète cet autre que nous pouvons dégager des recommandations précédentes : « Que nos mouvements soient mesurés. » Afin que la réserve et la modération des manières ne nuisent pas à leur parfait naturel, il importe de contracter au plus tôt des habitudes de bonne tenue. Quand nous composons notre maintien et notre démarche, nous perdons toute simplicité et l'on s'aperçoit que nous sommes préoccupés de l'effet à produire. Mais si, dès l'enfance, nous surveillons notre allure, une démarche correcte et aisée nous deviendra bientôt naturelle.

C'est aux jeunes filles surtout que s'adresse notre dernier conseil. Elle désirent plaire, et dans leurs efforts pour paraître aimables, distinguées

---

1. Nous aurons l'occasion de parler plus loin du langage proprement dit, et, en particulier, du soin que nous devons prendre dans la conversation d'éviter toute expression triviale et vulgaire, ou prétentieuse et emphatique.

même, elles ne réussissent souvent qu'à être ridicules. Leurs « mines », leurs petits manèges de coquetterie, leurs allures prétentieuses ne trompent personne et leur enlèvent leur plus grand agrément, la simplicité. Elles donnent la comédie à ceux qui les observent malicieusement et sont disposés à les croire vaniteuses, très préoccupées et très satisfaites de leur personne, à suspecter aussi, ce qui est plus grave, leur sincérité. On se méfie, en général, des gens qui se « composent », qui ne se laissent pas voir tels qu'ils sont, dont les manières ne traduisent pas les vrais sentiments, des gens qui jouent un rôle enfin ! Le langage populaire les nomme, d'un mot expressif, des « poseurs ». Que la jeune fille unisse donc à la réserve de la tenue, à la discrétion des manières, une agréable simplicité. « Il semble », dit V. Hugo à la femme idéale, toute de pureté et aussi de grâce et d'harmonie :

......qu'une pure musique, égale et solennelle,
De tous vos mouvements se dégage en marchant ;
Les autres sont des bruits ; vous, vous êtes un chant !...

Sans doute, il ne dépend pas complètement de nous de réaliser cette gracieuse image du poète ; mais nous pouvons toujours, à défaut d'élégance, posséder le charme de ceux qui sont naturels et sans prétention.

CHAPITRE IV

RÈGLES GÉNÉRALES DE POLITESSE. (Devoirs négatifs.)

« Ne fais pas à autrui ce que tu ne voudrais pas qu'on te fît. »

Définition de la politesse. — Devoirs négatifs et devoirs positifs. — Le savoir-vivre nous fait une obligation de nous bien tenir; il nous commande aussi de bien nous comporter à l'égard de nos semblables, et l'on peut définir la politesse : l'ensemble des actes par lesquels nous témoignons aux autres notre respect et notre bienveillance. Remarquons d'ailleurs que ces deux devoirs se confondent en partie; la première marque de déférence que nous devons à ceux qui nous entourent, c'est d'avoir en leur présence une tenue convenable; mais elle est loin d'être la seule, et les circonstances diverses qui nous mettent en rapport avec eux (affaires, repas, visites, voyages), sont l'occasion de multiples devoirs. Il est vrai que certains préceptes s'appliquent à tous les cas, et il est essentiel de les passer en revue tout d'abord, puisque nous les retrouvons partout et toujours.

D'une façon générale, ces conseils, fondés sur les

principes moraux que nous connaissons, nous invitent soit à nous abstenir, à n'être pas indiscrets et *sans gêne*, soit à agir, à être prévenants et aimables. Cette division en devoirs négatifs et devoirs positifs permet une classification simple, mais il ne faudrait pas en tirer cette conclusion que les premiers sont, à la fois, les plus stricts et les plus faciles à pratiquer. Rendre un service est souvent chose plus aisée que de retenir une parole offensante dans un moment d'emportement. D'autre part, il est des circonstances où nous serions plus coupables, en négligeant de rendre ce service, qu'en nous montrant peu corrects.

Il est bien des façons de déplaire aux autres. Nous pouvons les incommoder et les priver de leurs aises, ou les gêner par notre indiscrétion, ou encore les froisser et même les blesser vivement par nos paroles et nos actes.

Devoirs négatifs : ne pas incommoder nos semblables. — Il ne suffit pas en société d'avoir un maintien convenable ; il faut aussi s'abstenir de certains faits et gestes qui peuvent rendre notre voisinage fatigant. Passer auprès des autres sans ménagement, empiéter en s'asseyant sur leur place, entraver la liberté de leurs mouvements en les embarrassant de nos paquets, en mettant les pieds sur les barreaux de leur chaise, leur parler de trop près au risque de les incommoder, porter la main sur eux en causant, autant d'actes que nous devons éviter.

Nous pouvons gêner les personnes qui nous entourent de bien d'autres manières moins directes, mais tout aussi déplaisantes ; par exemple, en remuant ou chantonnant sans cesse ; en parlant ou marchant auprès d'elles lorsqu'elles sont occupées ; en ouvrant ou fermant, sans consulter leur goût, les fenêtres de la pièce où nous nous trouvons ; en nous permettant enfin des actes malséants en leur présence : quelqu'un qui crache par terre, se nettoie les ongles ou les dents devant nous, porte la main à son nez, à ses cheveux, à ses oreilles, bâille ou éternue bruyamment et sans précaution, nous inspire toujours quelque répugnance. De même croit-on qu'il soit convenable de parler la cigarette à la bouche, sans souci de la fumée qu'on envoie au visage de son interlocuteur ? qu'il soit agréable de respirer la poussière soulevée par une jupe que notre compagne de route ne se donne pas la peine de relever ? ou mieux encore de se blesser à la pointe ou au tranchant d'un objet qui nous est maladroitement présenté ?

Si les circonstances nous obligent à gêner un peu notre entourage, présentons du moins des excuses. Nous pouvons être forcés de déplacer quelqu'un pour passer, pour ouvrir une porte, pour prendre un objet ; dans tous ces cas et d'autres analogues, il est nécessaire d'exprimer un mot de regret.

Ne pas être indiscret. — Il est une catégorie

d'importuns, plus insupportables encore que les précédents. Les premiers ne nous atteignaient que dans nos commodités et notre bien-être physique, en quelque sorte; ceux-ci attentent à notre liberté morale. Les « fâcheux », car c'est ainsi qu'ils s'appellent, nous gênent de bien des manières; les uns, par leurs questions touchant nos affaires privées; les autres, par leur façon d'épier nos paroles, nos actes, et jusqu'aux mouvements de notre physionomie. Leur curiosité intriguée cherche à connaître le livre qui est entre nos mains, la personne à qui nous écrivons, celle dont la lettre vient de nous parvenir. Ils donnent leur avis sans y être invités, s'approchent d'un groupe sans se demander s'ils dérangent une conversation commencée, examinent curieusement un nouveau venu, embarrassé de cette attention persistante, et le signalent au besoin, par un geste ostensible, à l'examen du voisin. Ils multiplient indiscrètement leurs emprunts ou leurs requêtes, et abusent de notre obligeance au point de nous la faire presque regretter, par la nécessité où nous sommes de mettre fin à cette « exploitation ». Ils frappent chez nous à une heure indue, et leur regard de commissaire-priseur s'attache à tous les objets de notre mobilier comme pour en évaluer le prix.

Ne pas froisser ni blesser nos semblables. — Et, pourtant, il nous arrive d'avoir pour ces indiscrets plus de pitié indulgente que de véritable animosité. Quand leur curiosité n'est pas maligne et inspirée par le désir de surprendre nos faiblesses, elle nous agace, elle peut même nous irriter; mais elle ne nous atteint pas. Il n'en va pas de même à l'égard de ceux qui nous blessent dans notre amour-propre ou nos sentiments.

Rien n'est plus varié dans ses manifestations que l'impertinence; on peut être offensant dans son langage, dans ses actes, dans son attitude, dans son silence même. Non seulement les gens délicats se gardent de tenir des propos désobligeants et de nature à peiner les autres, mais ils évitent de s'opposer trop vivement à eux dans une discussion, de s'abandonner à la colère ou de prendre le ton insultant de la moquerie. Ils ne froissent ni par une humeur brusque et un ton bourru, ni par une familiarité de mauvais aloi, irrévérencieuse quand ils s'adressent à des inconnus ou à des supérieurs, ni enfin par un langage hautain et dédaigneux s'ils ont affaire à des inférieurs ou à des égaux.

Leur attitude, comme leur conversation, témoigne du souci qu'ils ont de ne pas blesser leurs semblables. S'ennuient-ils en société? Ils répriment les gestes d'impatience, les bâillements intempestifs qui trahiraient leur sentiment. Reçoivent-ils un cadeau qui n'est pas conforme à leur désir? Ils taisent leur déception pour ne songer qu'à l'intention aimable du donateur. Leur fait-on part d'un succès, d'une distinction qu'ils jugent peu mérités?

Ils s'abstiennent de compliments ironiques comme de félicitations peu sincères. A plus forte raison, se gardent-ils de témoigner aux autres une injuste défiance. C'est offenser une personne que de cacheter la lettre qu'on lui remet pour un tiers, que de parler bas à quelqu'un en sa présence, que de causer devant elle par allusions et sous-entendus, lui marquant ainsi qu'elle est de trop dans l'entretien.

D'ailleurs, c'est dans toutes les circonstances, les moindres comme les plus importantes, que doit se manifester notre respect. Une personne bien élevée prend soin de ne pas égarer ou détériorer les objets qu'on lui prête; elle ne les garde pas indiscrètement. Dans une réunion, elle évite de retenir l'attention accordée à sa situation ou à son mérite, afin de ne pas se donner une importance trop exclusive; elle veille à n'être pas distraite, préoccupée, oublieuse de l'endroit où elle se trouve, et elle s'impose au besoin l'effort de se conformer à l'humeur générale; elle ne s'absorbe pas dans une occupation qui l'enlèverait à son entourage (lecture d'une lettre par exemple), à moins qu'il ne s'agisse d'une affaire pressante, auquel cas elle demande une autorisation qu'on s'empresse de lui accorder. D'une façon générale, elle a la constante préoccupation de ne pas froisser les autres, ou plutôt elle se conforme spontanément aux règles de la bienséance.

Ménager la susceptibilité des autres et

n'être pas soi-même trop susceptible. — Il est une manière indirecte, mais presque certaine, de blesser ses semblables. Leur amour-propre souffre lorsqu'en leur présence, nous témoignons à quelques personnes des attentions toutes spéciales, et ce qui est amabilité pour celles-ci devient incivilité pour ceux qu'on néglige. Si nous avons un cadeau à offrir, une invitation à faire, une marque de particulière et intime affection à donner à un ami, que ce soit du moins en l'absence des autres. On est toujours un peu mécontent de ceux qui vous font le témoin de démonstrations affectueuses où l'on n'a aucune part.

Si rien n'est plus varié que l'impertinence, rien n'est aussi plus subtil. Ses nuances sont infinies, tellement imperceptibles parfois que, seuls, les intéressés, je veux dire les victimes, peuvent les percevoir. Un regard hautain, un léger haussement d'épaules, un sourire de dédain, une intonation moqueuse, un silence méprisant, telles sont les armes qu'elle emploie quand elle ne veut pas être grossièrement offensante ; mais les blessures qu'elle fait alors sont aussi profondes, aussi cruelles.

Au contraire, que d'infinies précautions une personne bien élevée ne prend-elle pas pour ne rien dire, pour ne rien faire, qui puisse causer aux autres une impression pénible ! Non seulement elle ne leur pose pas de questions embarrassantes, mais elle les suit discrètement sur le terrain des confidences, sans manifester de curiosité gênante ;

elle ne prête pas l'oreille à ce qu'ils disent à son insu, et même elle fait en sorte de ne pas entendre et de s'éloigner ; elle évite enfin de les froisser, et si, sans le vouloir, ils la froissent eux-mêmes dans son amour-propre, dans ses opinions, dans ses sentiments, s'ils la choquent par une éducation défectueuse dont ils ne sont pas responsables, elle a la charité de ne pas montrer une susceptibilité trop ombrageuse, et d'épargner à ceux qui sont plus ignorants que coupables, le regret de leur action ou la confusion d'une excuse. Beaucoup s'offensent à tort d'une innocente taquinerie, d'une riposte maladroite, d'un mot, d'un geste, d'un sourire mal interprétés, et confondent ces petites révoltes de la vanité avec les mouvements d'une fierté de bon aloi.

Tous les conseils précédents peuvent se résumer dans la maxime bien connue : *Ne fais pas à autrui ce que tu ne voudrais pas qu'on te fît.* Toutefois, celui qui la pratiquerait exactement et s'en tiendrait là, ne remplirait que la moitié de son devoir social. Il ne suffit pas, en effet, pour être bien élevé, de ne rien faire qui puisse blesser autrui ; la véritable politesse exige, nous le verrons, des dispositions plus actives.

CHAPITRE V

RÈGLES GÉNÉRALES DE POLITESSE. (Devoirs positifs.)

« Fais aux autres ce que
tu voudrais qu'on te fît. »

I

Accomplir certains actes de politesse qui sont de simples marques de respect.

Certaines obligations sociales forment, en quelque sorte, la transition entre les devoirs négatifs de politesse qui ont pour objet de ne pas blesser nos semblables, et les devoirs positifs dont le but est de leur être agréable et même utile. Bien qu'elles soient positives comme ces derniers, ce sont de simples marques de respect et non des actes d'obligeance. S'y soustraire, ce serait par conséquent froisser ceux à qui elles s'appliquent. C'est ainsi qu'on saluera les personnes que l'on connaît, et plus ou moins profondément selon qu'il s'agira d'un supérieur, de quelqu'un plus âgé que soi, ou d'un égal ; de toutes façons, le mouvement de la tête sera accompagné de cette légère flexion du buste sans laquelle le salut reste sec et disgracieux. Un homme se découvrira toujours ; il gardera même son chapeau à la main, s'il s'arrête pour causer avec une femme ; c'est à celle-ci à l'inviter immédiatement à se couvrir. De même encore, avant de franchir une porte, nous laisserons passer la personne qui nous accompagne ou nous croise ; nous lui céderons la rampe de l'escalier ou le haut du pavé, si elle vient en sens inverse. Dans la plupart des cas, c'est au plus jeune ou à l'inférieur à prendre l'initiative de ces politesses ; il est évident que le rôle du vieillard est d'attendre le salut de l'enfant, que celui du maître est de répondre au bonjour respectueux de son élève, quand tous deux se rencontrent. Ajoutons qu'un homme doit toujours devancer le salut d'une femme.

Il s'agit là d'actes concernant la politesse courante, mais il en est de moins banals et qui sont tout aussi obligatoires : Négliger de cacheter tout de suite la lettre confiée à nos soins ; décliner sans raison une invitation aimable ; nous dispenser d'assister à telle cérémonie à laquelle nous sommes conviés (messe de mariage ou enterrement par exemple), sans l'excuse d'un motif sérieux ; manquer de ponctualité et en prendre à notre aise avec les loisirs des autres ; tromper leur confiance, en quelque sorte, en ne tenant pas nos engagements ; voilà autant de fautes contre le savoir-vivre. Il y a une façon de délaisser nos semblables qui leur prouve à quel point ils comptent peu dans notre existence. Et quand ce n'est pas oubli de notre part, mais attitude voulue, quand nous affectons de les tenir à distance, de ne pas prêter attention à ce qu'ils disent, ni même de nous apercevoir de leur présence, nous pouvons les blesser très cruellement.

Être aimable et bienveillant. — Toutefois, le respect et la bienveillance que nous devons aux autres nous font dépasser de bien loin les règles dont il a été question jusqu'ici. Elle reste bien froide et peu accueillante en somme, la politesse de ceux qui se bornent à ne gêner ni froisser personne, et les gens vraiment bien élevés ne s'en contentent pas.

Ils s'imposent d'abord la loi d'être aimables et bienveillants. Ils savent à quel point le bonheur de leur entourage dépend de leur humeur journalière, et pour créer autour d'eux, dans la mesure du possible, une atmosphère de calme et de sérénité, ils s'efforcent de montrer toujours un visage paisible et un caractère égal. Petite vertu, dira-t-on, que celle de l'amabilité! Vertu précieuse en tout cas pour ceux qui en jouissent, qui n'ont pas à supporter les conséquences de nos contrariétés et de nos peines. Et d'ailleurs, quand elle est une disposition constante, est-elle vraiment une si petite vertu? Que de bonté réelle et de possession de soi elle suppose souvent ! Il n'est pas toujours facile de refouler au plus profond de son cœur ses ennuis ou ses chagrins pour ne pas assombrir les autres, et même pour leur faire bon accueil.

C'est encore l'amabilité et la bienveillance qui nous font convertir en marques sérieuses d'intérêt ces actes de politesse banale dont nous parlions tout à l'heure. On peut mettre, dans un simple bonjour, autant d'affectueuse sollicitude que dans les protestations les plus sincères ; il est une manière de demander à une personne de ses nouvelles, qui marque tout l'intérêt que nous lui portons; une poignée de main peut valoir un vrai serment d'amitié. Si vous avez fait de ce témoignage une chose vulgaire et sans portée, disait un orateur contemporain, c'est à tort. Une poignée de main veut dire : « Tu es mon ami, et je suis à toi comme « tu es à moi; mon cœur est dans ton cœur comme ta « main est dans ma main; nos deux âmes s'étreignent « et se serrent comme se serrent et s'étreignent nos « deux mains ». C'est ce que comprennent tous ceux pour qui les symboles ne sont pas de vains signes.

Quelques remarques particulières sont à faire au sujet de la poignée de main. Un homme tend la main à ses égaux par l'âge et par la situation ainsi qu'à ses inférieurs, mais il attendra que ses supérieurs et aussi que les femmes, à moins qu'il ne soit beaucoup plus âgé qu'elles ou leur chef hiérarchique, lui accordent cette marque de confiance et d'amitié. Une femme tend la main à une autre femme qui est son égale par l'âge et par la situation ou qui est son inférieure. Elle ne tend la main la première à un homme que s'il existe des rapports assez fréquents et cordiaux entre elle et lui, ou si elle est plus âgée que lui.

Être obligeant. — Les personnes bienveillantes savent traduire leur sympathie d'une manière plus active encore. Ingénieuses à satisfaire des désirs qu'elles devinent et préviennent, elles sacrifient, à l'occasion, leurs goûts particuliers à ceux de leur entourage. Elles sont toujours prêtes quand il s'agit d'un conseil à donner ou d'un service à rendre. Leur politesse vient vraiment du cœur, et elle est bien, selon le mot de Gœthe, « parente de l'amour ».

Sans doute, il est des complaisances qui ne sont pas la marque d'un grand désintéressement. Aider une personne à placer un objet, à monter en voiture, à ouvrir un parapluie, à mettre un vêtement ou à s'en débarrasser ; la prévenir par un geste discret, et si nous sommes assez intimes avec elle, d'une maladresse qu'elle va commettre, toutes ces menues attentions ne signifient pas qu'on soit le contraire d'un égoïste Il en coûte déjà un peu plus de donner aux autres de son temps et de sa peine ; de chercher avec eux, par exemple, l'objet qu'ils ont perdu ; de porter une partie de leurs bagages ; de se déplacer pour leur procurer ce dont ils ont besoin. Mais, où nous avons un réel mérite, c'est quand nous nous privons, pour leur être agréable, d'une commodité ou d'un plaisir ; du siège dont l'abandon nous force à rester debout ; de l'ombrelle dont nous nous servions ; de la place que nous occupions dans une voiture et qui nous évitait une longue course à pied; c'est lorsque nous renonçons pour eux à tel projet qui nous tenait à cœur, pour accepter celui qui leur sourit davantage; c'est enfin, d'une façon générale, quand le bon office que nous rendons implique de notre part un sacrifice. Toutefois, nous devons, sous peine d'être dupes, limiter nos bons procédés aux personnes assez bien élevées pour les reconnaître, assez discrètes pour ne pas en abuser.

Être reconnaissant. — Certaines gens croient en effet que tout leur est dû; elles acceptent nos services sans le moindre mot de remerciement, ou exploitent notre obligeance. Il est pourtant de la plus élémentaire politesse de témoigner sa gratitude à ceux qui se montrent empressés (prêts d'objets, invitation à un repas par exemple). Les personnes reconnaissantes savent trouver dans leur cœur le mot qui va au cœur, et qui prouve combien leur a été sensible l'attention dont elles ont été l'objet.

De la discrétion qu'il convient de garder dans l'accomplissement de ces devoirs sociaux. — On ne s'acquitte bien, il est vrai, de ces devoirs sociaux qu'en restant dans la mesure et dans la vérité. Rien n'est plus déplaisant qu'une politesse obséquieuse et intéressée. Il est aussi des invitations maladroites et des cadeaux indiscrets qui obligent à une réciprocité gênante pour des bourses modestes. De même, imposer ses services à ceux qui peuvent ou même désirent s'en passer, ou bien encore les rendre avec ostentation, c'est jouer le rôle d'un importun. Nous devons donc éviter tout excès d'insistance pour les faire accepter, surtout si nous les offrons à un supérieur, et observer, particulièrement en cette circonstance, une réserve de bon goût. Par contre, il est aimable d'accueillir, sans trop se faire prier, l'équivalent de nos propres complaisances ; sinon nous semblerions douter du plaisir que nos semblables auraient à leur tour à nous être agréables.

— Tels sont les devoirs positifs que nous crée la politesse, et qui paraissent aussi obligatoires que les autres aux âmes vraiment bien nées. Ils sont contenus implicitement dans cette belle maxime : « Fais aux autres ce que tu voudrais qu'on te fît. »

II

Les devoirs de politesse nous obligent tous sans exception.

Il convient de faire une importante remarque au sujet de nos devoirs de politesse, quels qu'ils soient. Chacun doit les observer dans toutes les circonstances, et la supériorité de la fortune ou du rang ne peut jamais constituer un privilège. Triste privilège, d'ailleurs, que celui qui nous permettrait d'être mal élevés ! Sans doute, la civilité comporte des nuances suivant l'âge, le sexe, la situation sociale ; c'est surtout aux jeunes à être prévenants envers les aînés ; à l'homme à s'imposer de petits sacrifices pour la femme ; à celui qui occupe un rang inférieur — élève, subordonné ou employé, — à être déférant à l'égard de son maître, de son chef ou de son patron. On est choqué, par exemple, de voir des jeunes gens qui restent confortablement installés dans l'intérieur d'un omnibus, pendant qu'un vieillard se tient debout sur la plate-forme. Ils sont plus répréhensibles encore lorsque, sous prétexte d'amabilité, ils se permettent envers la jeune fille, ou la femme en général, des familiarités déplacées. Au contraire, il est charmant de voir dans telle école mixte d'Amérique, les garçons se constituer « cavaliers servants » de leurs compagnes auxquelles ils distribuent livres, cahiers, ardoises, avec un salut poli, et se faire à l'occasion leurs défenseurs. Imiter ces mœurs serait rester dans la tradition chevaleresque française qui a trop dégénéré chez nous en galanterie. — D'autre part, l'omission des devoirs de politesse est plus ou moins grave selon les cas ; une jeune et insignifiante personne, qui se montre hautaine et dédaigneuse, est moins excusable qu'une autre plus âgée qui aurait ces travers, mais posséderait en retour des mérites réels. — De toutes façons, il reste vrai qu'aucun de nous ne peut se soustraire aux obligations sociales.

Nous devons même apporter un soin particulier à les bien remplir quand il s'agit de nos inférieurs, afin de ménager leur susceptibilité vite en éveil. Une incorrection envers un supérieur, peut être mise par lui sur le compte d'un oubli ou d'une maladresse; mais une personne dont la situation est au-dessous de la nôtre, pensera que nous en usons bien librement avec elle, et notre négligence, si involontaire qu'elle soit, risquera d'être interprétée comme une marque de dédain. Dans les égards même dont les pauvres ou les humbles sont l'objet, il faut apporter beaucoup de tact, de crainte de les blesser par notre intention trop évidente de les ménager. On peut donner un pourboire avec une bonne grâce délicate ou une hauteur insolente, et le seul fait de l'offrir est parfois une maladresse: Il y a des personnes qui seraient humiliées de recevoir une étrenne, et il est des services que la reconnaissance seule peut acquitter.

— Le devoir que nous avons d'être polis devient aussi plus étroit à mesure que notre situation s'élève; « noblesse oblige ». L'excuse de l'ignorance n'est pas permise, en effet, à ceux qui sont placés dans les meilleures conditions pour perfectionner leur éducation. C'est ce que comprenait fort bien un grand personnage américain du XVIIe siècle: « Comment! vous répondez au salut de ce nègre? » lui disait un jour un ami. « — Je serais bien fâché, répondit le gouverneur, qu'un nègre fût plus poli que moi! »

Les règles générales de politesse que nous avons passées en revue jusqu'ici ne suffisent pas toujours à nous guider. Nous examinerons donc de quelle manière elles trouvent leur application dans diverses circonstances particulières.

CHAPITRE VI

LA POLITESSE DANS LA FAMILLE

I

Comment on a tort de ne pas toujours observer en famille les règles de la politesse.

Il est un petit groupe, celui de la famille, où nous devons tout particulièrement être attentifs à bien remplir nos devoirs de politesse. Leur accomplissement[1] paraît, à vrai dire, chose facile. On s'aime dans la famille; chacun des membres qui la composent est capable de sacrifices pour les autres; il doit être tout disposé, par conséquent, à s'acquitter envers eux des menues obligations sociales. Sans doute aussi, et pour le plus grand charme de la vie commune, chacun doit s'appliquer à être agréable à tous; la solidarité ici est tellement forte, les rapports si nombreux et si intimes, les intérêts si étroitement confondus! Il n'est pas un seul acte accompli par l'un des membres de cette petite

1. Nous nous placerons surtout au point de vue particulier de l'enfant.

société qui n'ait son retentissement au sein du foyer domestique, et tous sont directement intéressés à fortifier leurs liens mutuels de respect et d'amour.

Et pourtant, ce qui paraît à la fois si naturel et si nécessaire au bonheur quotidien ne se réalise pas toujours. Trop souvent même, c'est en famille qu'on se gêne le moins les uns pour les autres, qu'on oublie les bonnes manières, qu'on se permet des paroles déplacées, qu'on donne libre cours à sa mauvaise humeur, qu'on se montre parfois peu disposé à sacrifier ses goûts particuliers à ceux de son entourage; en un mot, qu'on s'abandonne à ses inclinations égoïstes. Ceux-là mêmes qui montrent au dehors une éducation parfaite, n'échappent pas toujours à cette critique, et il semble que tous, à des degrés divers, nous nous dédommagions, parmi les nôtres, de l'effort que nous a coûté dans le monde l'obligation de paraître une personne bien élevée. Si notre amour pour eux ne nous préserve pas de ces défaillances, c'est que le sens profond du respect nous est inconnu.

On essaie bien de justifier sa conduite, mais par de mauvaises raisons. Les uns partent de ce principe (qui témoigne d'une fausse conception et du savoir-vivre et de la vie de famille), que la politesse doit se réserver pour les étrangers, qu'elle est superflue dans l'intimité. Les autres, plus sages, reconnaissent leurs torts, mais ils se les pardonnent assez volontiers, sous prétexte que leur affection pour leurs proches n'étant pas à mettre en doute, ceux-ci ne peuvent se croire sérieusement offensés. Et ce qui favorise ces mauvaises habitudes, c'est, en effet, l'indulgence extrême avec laquelle nous nous les pardonnons mutuellement; c'est encore le caractère des relations familiales qui dispose à moins de retenue et de condescendance; l'usage du tutoiement, en particulier, a pu modifier un peu les rapports de l'enfant avec ses parents, les rendre plus tendres il est vrai, mais aussi moins respectueux si l'on n'y prend garde. Il faudrait avoir le courage de réagir contre ces fâcheuses tendances. Croit-on, en réalité, que les nôtres n'en souffrent pas, et parce que leur affection les rend indulgents pour nous, est-il sage vraiment de spéculer en quelque sorte sur elle, et de nous permettre en famille ce que nous nous interdirions au dehors? Ne serait-il pas plus raisonnable aussi de contribuer, chacun pour notre compte, à rendre douce et agréable la vie en commun, au lieu de la compromettre par nos vivacités, notre manque d'égards, notre méchante humeur?

Enfin, si nous songeons en particulier à l'enfant, n'est-ce pas pour lui un devoir strict d'être un fils respectueux et empressé?

II

Devoirs de politesse des enfants envers leurs parents.

Raisons de ces devoirs. — En effet, si nous devons respecter et même aimer nos semblables, à plus forte raison cette obligation s'impose-t-elle à nous quand il s'agit de nos parents. Ceux qui nous ont élevés ou nous élèvent au prix de grands sacrifices, ceux dont la tendresse veille sur nous à chaque instant de notre existence, et nous prépare, grâce aux bienfaits d'une éducation dont ils n'ont pas joui bien souvent eux-mêmes, une vie plus douce que la leur, ont doublement droit à notre vénération et à notre amour. Mais, seraient-ils sévères et durs à notre endroit, oublieraient-ils dans un moment de vivacité le respect qu'ils nous doivent à leur tour, que nous aurions encore le devoir de les respecter et de nous abstenir de toute riposte offensante. Tant de liens étroits qui nous attachent à eux, et se révèlent parfois dans une ressemblance physique et morale frappante, n'en font-ils pas vraiment comme une partie de nous-mêmes? Et d'ailleurs, nous appartient-il de les juger? Un enfant qui a du cœur devine les peines et les difficultés de toutes sortes contre lesquelles ont à se débattre ses parents, les déboires et les soucis inhérents aux situations modestes et précaires; il s'explique bien des impatiences, des emportements, des actes de violence même, et les tristesses du foyer sont pour lui une occasion nouvelle de mieux accomplir ses devoirs filiaux.

Au surplus, ces devoirs sont au fond, et dans ce qu'ils ont d'essentiel, indépendants de toute considération personnelle, et, en ce sens, il n'y a pas lieu de distinguer entre des parents dévoués, et d'autres que nous supposerions indignes et dénaturés. Parce que nous avons l'obligation générale de nous attacher à la famille, de la maintenir, de l'empêcher de se dissoudre, en raison des bienfaits multiples dont elle est la source, nous devons faire tous nos efforts pour nous défendre du mépris contre ceux que les mauvaises compagnies, la misère ou les chagrins, ont entraînés à des faiblesses regrettables ou à des vices dégradants. Peut-être même aurons-nous la joie de les convertir; si quelque influence peut sauver un père, c'est bien celle de son enfant.

Comment manifester notre déférence affectueuse à nos parents, si ce n'est dans les mille circonstances de la vie journalière? Nous n'avons pas souvent l'occasion de leur prouver notre reconnaissance d'une façon éclatante. Aussi, le meilleur moyen de les remercier de tout ce qu'ils font pour nous, est-il encore de les respecter et d'être attentifs à satisfaire leurs moindres désirs.

D'autre part, ce serait déchoir que d'être un enfant irrespectueux, et celui-là rougirait de lui qui aurait à se rendre cet humiliant témoignage. Il est vrai qu'une telle conduite n'est le fait que d'êtres ingrats, et, pour peu qu'on ait du cœur, on se plaît à « honorer son père et sa mère ».

Devoirs négatifs. — *Bonne tenue et manières discrètes.* — Le respect que nous devons à nos parents revêt bien des formes qui présentent elles-mêmes des nuances diverses selon le milieu auquel nous appartenons. Il est évident que dans les familles d'ouvriers ou de paysans où la vie est si active et si laborieuse, les manières portent l'empreinte d'une certaine hâte qui en altère la douceur; elle ont aussi un cachet de rusticité qui est le propre des travailleurs des champs ou de l'atelier.

Tout d'abord, appliquons-nous en famille à avoir une tenue convenable; à renoncer à ces poses trop abandonnées, et parfois vulgaires, qu'on a tort de se permettre, même quand on est seul; à modérer la tendance aux éclats de voix, au rire bruyant, fréquente chez ceux qui vivent en plein air. D'ailleurs, si nous prenons de mauvaises habitudes à la maison, il y a bien des chances pour que nous les conservions partout et toujours; on ne se débarrasse pas d'une habitude comme on quitte un vêtement; quand on l'a contractée, elle nous possède, et il devient très difficile de la modifier.

En second lieu, les enfants (et ce conseil s'applique principalement aux jeunes), doivent veiller à ne pas fatiguer leurs parents de leur agitation bruyante ou de leurs caprices. Ils sont souvent remuants, tapageurs, surtout dans l'ardeur du jeu; qu'ils s'assurent donc, avant d'organiser une partie, qu'elle ne troublera pas le travail ou même le repos du père ou de la mère. Ceux qu'on appelle d'un terme expressif « les enfants gâtés », sont particulièrement exigeants dans leurs multiples désirs qu'il faut satisfaire au plus vite; qu'ils soient un peu moins égoïstes, et veillent à ne pas abuser de la complaisante affection de leurs parents.

Ton respectueux. — Les enfants ne doivent jamais non plus se départir envers ceux-ci d'une attitude respectueuse. Leur donner un démenti brutal; répondre sèchement à leurs demandes par un oui ou un non, ou par quelque mot irrévérencieux; leur adresser la parole sur le ton de la camaraderie la plus familière, ou leur demander un service sur celui du commandement; se permettre de tourner leurs idées en ridicule ou de les discuter d'une façon tranchante, autoritaire; c'est manquer aux égards qu'on leur doit. C'est être plus coupable encore que de traiter avec dédain un père ou une mère inculte qui, sentant le prix de ce qui leur manque, ont voulu que leurs enfants fussent instruits. Une telle conduite est même la marque de la plus noire ingratitude.

Accueil déférent des conseils et des réprimandes. — Il est une circonstance, en particulier, où les enfants oublient trop facilement le respect filial. Ils ne mettent pas toujours assez de bonne grâce à accueillir les conseils et les remontrances ou à présenter des excuses. Murmures, air maussade et boudeur, répliques malsonnantes, entêtement à nier leurs fautes, telles sont les libertés qu'ils osent se permettre; quelques-uns écoutent ces remontrances sans confusion; d'autres affectent un air détaché, indifférent, qui équivaut à une insulte. La seule manière convenable de recevoir une observation méritée, c'est de l'écouter avec beaucoup de sérieux et de simplicité de cœur, sans affectation de repentir sans doute, mais aussi sans air de bravade. De même, en présence d'un ordre donné par nos parents et qui contrarie nos desseins, d'une commission à faire, par exemple, le respect nous commande de réprimer le geste ou le mot d'impatience qui allait nous échapper peut-être, et d'obéir tout de suite, sans maugréer et discuter à la façon des « raisonneurs ».

Quoi de plus naturel et de plus légitime, d'ailleurs, que cette autorité des parents sur leurs enfants! Nos parents ont sur nous la supériorité de l'âge, de la raison et de l'expérience, en un mot de la sagesse. L'intérêt, comme le devoir, nous conseillent de nous laisser guider par eux.

Docilité et obéissance. — Et même l'enfant bien élevé ne se contente pas de cette docilité un peu froide, et de ces marques négatives de respect dont nous parlions tout à l'heure. Il témoigne à ses parents une déférence plus empressée; il n'oublie jamais de les saluer en quittant la maison et en y rentrant, et dans le bonjour du matin ou l'adieu du soir, il met vraiment tout son cœur; ce n'est pas une vaine formule qu'il répète machinalement du bout des lèvres; c'est un désir affectueux qu'il exprime à ceux dont le bonheur lui est cher, et en quelque sorte une promesse tacite qu'il leur fait de contribuer à leur ménager ce « bon » jour souhaité dans une caresse. Il se lève pour les accueillir à leur retour à la maison, et ce mouvement spontané traduit le plaisir qu'il éprouve à délaisser quelques instants son travail pour jouir de leur présence après une séparation momentanée. Il leur obéit de bonne grâce, heureux de pouvoir leur prouver qu'il s'incline avec empressement devant leurs moindres volontés. Il respecte aussi leur indépendance; il s'éloigne lorsque sa présence gênerait la conversation de ses parents, et, toujours par discrétion, il prend l'habitude de frapper à leur porte avant d'entrer, quand ils ne se tiennent pas dans les pièces communes.

Devoirs positifs. — *Prévenances assidues.* — Mais notre tendre respect pour nos parents doit se traduire surtout par des prévenances assidues. Il serait au moins étrange que nous eussions pour des indifférents des complaisances que nous n'aurions pas pour les nôtres! Soyons toujours aimables avec eux, et que notre bon caractère, nos attentions et nos soins adoucissent un peu leur rude vie de peine et de labeur. C'est leur faire plaisir, par exemple, que de leur raconter l'emploi de notre journée, ou de leur faire une lecture le soir; que de les suppléer spontanément, dans la mesure de nos moyens, pour leur éviter tout surcroît de fatigue; ainsi, le jeune garçon peut se charger des courses et des corvées domestiques les plus pénibles (cirer les chaussures, descendre à la cave, rentrer du bois, puiser de l'eau); la jeune fille peut aider sa mère dans le service de la table; c'est à elle à se déplacer pendant le repas pour remplir la carafe, chercher un objet qui manque, surveiller tel plat resté sur le feu. Ne souffrons pas que nos parents nous servent et se dérangent pour nous. Par amour pour eux, par respect pour nous-mêmes, ne permettons pas non plus que, dans l'exagération de leur tendresse, ils nous réservent les meilleures places, le meilleur morceau; notre devoir, comme notre affection, doivent nous porter à sacrifier nos aises, et à nous imposer avec joie de légères privations pour ceux qui s'en imposent de si grandes pour nous. Enfin, marquons-leur une vivacité d'affection toute particulière au moment des chagrins et des épreuves.

III

Devoirs de politesse des enfants envers leurs grands-parents.

Raisons de ces devoirs. — Telle doit être

encore notre conduite, cela va sans dire, envers nos grands-parents, et même nos rapports avec eux doivent marquer une sollicitude toute particulière. C'est plus que de l'affection, c'est de la tendresse que nous devons avoir pour ceux qui nous aiment d'un amour infini, et dont l'indulgence pour nous est sans bornes ; une tendresse émue, prévoyante et inquiète, à cause de leur faiblesse et de leur grand âge qui demandent protection et les acheminent un peu plus chaque jour vers la tombe ; il y a comme des larmes au fond du grand amour que nous vouons à nos grands-parents. D'autre part, notre respect pour eux doit prendre la forme d'un véritable culte, ils méritent, en effet, d'être vénérés pour la longue vie de travail et de dévouement qui les a peut-être fait vieillir avant l'âge, qui les a ridés, courbés et blanchis. Aussi, de quels soins délicats leurs petits enfants ne doivent-ils pas les entourer ! — Qu'ils leur prodiguent ces attentions touchantes alors qu'il en est temps, et qu'ils redoublent de vigilance sur eux-mêmes pour ne jamais leur causer l'ombre d'un froissement ou d'une peine ! Plus tard, lorsque l'aïeul ne sera plus là, ils pourront se rendre le doux et consolant témoignage qu'ils ont charmé la mélancolie de ses dernières années.

Si même, par l'effet des infirmités ou des chagrins, les grands-parents n'étaient pas pour nous ce qu'ils sont à l'ordinaire, s'ils se montraient difficiles, quinteux, égoïstes, si leur caractère devenait susceptible, nous devrions encore être polis et affectueux envers eux. Trop de raisons les excusent. D'ailleurs ils n'ont pas toujours été tels, et la tendre indulgence qu'ils ont eue pour leurs petits-enfants mérite bien quelque retour. Mais surtout, nous leur devons les bienfaits de ce foyer qu'ils ont créé, et qu'il nous appartient, avons-nous dit, de maintenir par tous les moyens possibles, en particulier par les égards dont nous entourons les chefs suprêmes de la famille.

Mêmes devoirs qu'envers les parents, mais avec une nuance plus marquée de tendre sollicitude. — Il est un moyen bien simple, et tout à fait à notre portée, de faire plaisir à nos grands-parents, quand ils vivent auprès de nous. C'est de leur tenir compagnie le plus souvent possible. Le vide que la mort a fait parmi leurs amis et connaissances, leur âge et leurs infirmités qui les enlèvent à la vie active, les isolent de plus en plus. Aussi, accueillent-ils avec reconnaissance celui qui vient les distraire et interrompre pour quelques instants le cours de leur rêverie. C'est à leurs petits-enfants que revient tout particulièrement ce rôle ; ils feront la lecture à l'aïeul ; ils lui raconteront les menus faits de leur vie d'écolier ; ils écouteront avec intérêt ses récits, quelles qu'en soient les longueurs. Ils prendront garde surtout, dans ce commerce journalier, de ne rien dire, de ne rien faire, qui puisse froisser sa sensibilité parfois délicate, et ils supporteront sans mauvaise humeur, ni moquerie, cela va sans dire, les petits travers qu'il peut avoir et que l'âge amène presque infailliblement.

Les enfants veilleront encore sur la santé et le bien-être de l'aïeul avec un soin jaloux ; ils iront chercher la chaise ou le vêtement dont il a besoin ; ils soutiendront ses pas chancelants ; ils mettront à sa portée sa canne ou ses lunettes ; ils avanceront la lampe près de lui et lui réserveront la meilleure place au coin du feu. Attentifs à satisfaire ses moindres désirs, ils s'appliqueront même à les prévenir, car les grands-parents, dans leur aveugle tendresse, souffrent moins que personne peut-être que leurs petits-enfants se déplacent pour eux.

IV

Devoirs de politesse des enfants entre eux.

Un peu de bon sens et de cœur suffit pour nous faire comprendre les égards que nous devons à nos parents, mais nous reconnaissons plus difficilement ceux qui nous lient envers nos frères et sœurs, et il semble que la familiarité avec laquelle nous vivons avec eux autorise toutes les libertés. On se parle au besoin sur un ton rude ; on s'adresse parfois, dans une discussion, les épithètes les moins flatteuses ; on n'est ni aimable, ni complaisant ; on se livre sans scrupule à sa méchante humeur. Sans doute il existe d'heureuses exceptions, mais, en général, il est admis entre frères et sœurs qu'on aurait tort de se gêner.

Déférence affectueuse des jeunes envers les aînés. — Le tort c'est de parler ainsi, et la politesse doit régler les rapports mutuels des enfants comme elle règle tous les autres. Les jeunes doivent témoigner à leurs aînés, à ceux qui seraient appelés à les diriger en l'absence des parents, une déférence affectueuse. Ils ne leur répondront jamais grossièrement ; ils leur obéiront sans murmure ; ils accepteront sans bouderie leurs conseils ou leurs réprimandes ; ils se montreront prévenants, désireux de les aider en toutes circonstances, qu'il s'agisse de ranger des objets, d'essuyer la vaisselle ou les meubles, de surveiller un troupeau aux champs ; — toujours, bien entendu, dans la mesure de leur âge ou de leurs forces.

Tutelle affectueuse des aînés. — D'autre part, les aînés se garderont d'abuser de leur autorité ; ils s'efforceront même, non de la faire oublier, mais de la rendre désirable par leur affection dévouée à leurs cadets, par la douceur de leur tutelle, l'aménité de leurs remontrances, leur esprit de conciliation. C'est à eux d'apaiser les querelles, de les prévenir au besoin, de rester calmes et patients en face d'une riposte offensante, de donner toujours l'exemple du bon ton et de l'égalité d'humeur ; c'est à eux de former les plus jeunes à la politesse et de veiller à leur bonne tenue, de leur apprendre à saluer, à remercier, à se servir du mouchoir, des ustensiles de table ; c'est à eux de renouer un cordon de chaussure délié, de laver le visage ou les mains malpropres. Les aînés ont encore l'obligation d'être complaisants et serviables ; ils se prêteront de bonne grâce aux amusements des petits, partageront avec eux jouets et friandises, et se montreront indulgents pour leurs fantaisies d'enfants qu'ils tâcheront de satisfaire. Ils s'appliqueront en particulier à être doux et aimables envers leurs sœurs, au lieu de goûter un malin plaisir à exercer leur patience.

D'une façon générale, les frères et sœurs doivent prendre entre eux des habitudes de politesse, pour le plus grand bien de leur mutuelle affection et l'agrément de leurs relations. « Un frère est un ami donné par la nature », le meilleur qui soit au monde, celui qui nous connait et nous aime le mieux. Que notre amour pour ce premier compagnon de notre enfance, se traduise donc par le souci constant de lui rendre toujours plus agréable chacun des jours qu'il passe auprès de nous.

V

Devoirs de politesse envers les serviteurs.

Ne jamais parler ou commander aux serviteurs sur un ton blessant. — Il convient peut-être d'envisager le cas où il y a un serviteur dans la famille. Les enfants qui ont du cœur ne se permettent jamais de lui parler sur un ton blessant, impérieux ou moqueur, et d'abuser de sa situation dépendante. D'ailleurs, ils n'ont aucun ordre à donner, et le domestique n'est point à leur service, mais à celui des parents. S'ils ont une demande à lui adresser, qu'ils le fassent poliment et n'oublient pas de le remercier.

Il peut arriver toutefois, qu'en l'absence de sa mère, la jeune fille soit chargée de surveiller le ménage et de diriger la bonne. Que ses ordres soient donnés avec douceur, non d'une façon hautaine et tranchante; qu'elle évite les observations ironiques, les réprimandes devant témoins, les paroles désobligeantes, l'exercice d'une surveillance trop ombrageuse et, par suite, un peu blessante.

Être encourageant. — Qu'elle fasse mieux que de ménager l'amour-propre d'une personne qu'elle doit respecter à l'égal de toute autre ; qu'elle soit aimable avec elle, et qu'elle récompense ses progrès ou son zèle par un éloge ou un mot d'encouragement. Sa politesse sera payée de retour et servira d'exemple à celle qui en est l'objet.

Comment les serviteurs ont à leur tour l'obligation d'être polis envers les maîtres. — De leur côté, les serviteurs doivent aux maîtres de la maison une déférence soutenue qu'ils manifestent par la façon respectueuse dont ils écoutent une observation ou présentent une excuse, par le ton exempt de toute familiarité avec lequel ils leur parlent, enfin par leur bonne tenue, leur activité silencieuse et leur discrétion. Il va sans dire qu'ils doivent aux enfants la réciprocité des bons procédés que ceux-ci ont à leur égard.

Ainsi, la politesse doit régler les rapports mutuels de tous les membres de la famille et de ceux qui en font partie momentanément. Plus nécessaire ici que partout ailleurs, la bonne éducation des parents et des enfants est un gage de paix et de concorde, et même une des conditions du bonheur domestique.

CHAPITRE VII

LA POLITESSE A L'ÉCOLE

I

L'élève doit respecter et aimer sa classe.

En dehors de la famille, il est un autre groupe où l'enfant peut vraiment faire l'apprentissage des vertus de société : c'est l'école. A l'école, il se forme aux devoirs de politesse envers ses égaux parmi lesquels il vit ; il a des rapports avec ses supérieurs qui s'appellent ici « ses maîtres » ; il prend position vis-à-vis de ses camarades les plus jeunes — ses inférieurs par l'âge tout au moins, — auxquels il doit une sorte de condescendance affectueuse. Il apprend même, à l'école, le respect des choses et des lieux, l'on pourrait presque dire des symboles.

Pourquoi l'élève doit respecter et aimer sa classe. — Et, en effet, le premier devoir de l'écolier, c'est de respecter et d'aimer sa classe. La classe est le sanctuaire du travail et par conséquent du devoir, le lieu témoin de ses premières études et de ses aspirations juvéniles vers tout ce qui est beau et bien ; elle est, par excellence, l'endroit qui lui rappelle ce qu'il doit être un jour et l'espoir que l'on fonde sur lui.

Comment se manifeste le respect de l'écolier pour sa salle d'études. — Voilà pourquoi l'enfant doit respecter sa salle d'études; or, c'est la profaner que d'y entrer sans précaution avec des chaussures malpropres qu'on ne s'est pas donné la peine d'essuyer; que de cracher par terre ou de jeter sur le parquet des papiers ou autres débris; que de dégrader les murs ou les pupitres en y gravant des noms, des inscriptions amusantes, et plus souvent encore grotesques ou ridicules; c'est la profaner que d'y courir et de s'y amuser bruyamment en dehors des heures de travail, sans souci de la gravité du lieu et des pensées sérieuses qu'il devrait inspirer. Et d'ailleurs, cette salle n'est pas notre propriété; c'est la maison commune et des camarades et des maîtres. Par égard pour eux, et aussi pour la génération d'élèves qui nous succédera, nous devons en prendre soin, et contribuer à l'embellir en l'ornant, par exemple, de quelques fleurs.

Ce même respect de la pièce où il travaille et de ses compagnons d'étude, ainsi qu'un sentiment de dignité personnelle, obligent l'écolier à veiller à sa tenue. Sa toilette, faite avec soin, ne laissera rien à désirer: les cheveux seront en ordre, le visage et les mains nettes, les souliers cirés et lacés, le tablier et les vêtements soigneusement boutonnés. Il fera en sorte que ses manières restent toujours convenables; il évitera de s'affaisser sur son pupitre ou sur son banc, d'étirer ses membres, de s'agiter sans cesse ou de se dandiner lorsqu'il est interrogé. Il s'interdira, en un mot, tout ce qui est contraire au bon maintien et au savoir-vivre[1].

II

Devoirs de politesse de l'élève envers son maître.

Raisons pour lesquelles l'élève doit respecter son maître. — Un sentiment de respect, accompagné d'affection, doit présider aux rapports de l'élève avec son maître. Ce respect s'adresse, non seulement à la personne, mais à la fonction. Le maître est le collaborateur de la famille dans l'œuvre de l'éducation des enfants ; comme tel, il détient une partie de l'autorité des parents; comme eux, il a sur ses élèves la supériorité de l'expérience et de la sagesse, consacrée par son titre; comme eux encore, il prodigue à ceux-ci son temps, ses soins et sa peine. Comment ne pas éprouver un respectueux attachement pour celui qui travaille à former notre esprit, à améliorer et à élever notre cœur, qui nous met en mesure aussi de faire honnêtement notre chemin dans la vie. Même quand

1. Pour les détails, se reporter aux leçons sur *la Bonne tenue*.

il nous réprimande, que son regard devient sévère et sa voix mécontente, il faut l'aimer, car c'est toujours notre bien qu'il poursuit; loin de nous blesser, ses reproches doivent être pour nous l'occasion de témoigner encore plus de déférence au maître que nous avons mis dans la pénible nécessité de se montrer dur, alors qu'il voudrait rester affectueux et bon. Et si, trompé par de fausses apparences, il lui arrive de nous punir à tort, de se montrer injuste envers nous, si le travail, les soucis, la fatigue rendent parfois son humeur inégale et le disposent à moins d'indulgence qu'à l'ordinaire, ne nous permettons pas de relever des faiblesses dont nous sommes très souvent la cause. Il nous en coûterait, d'ailleurs, d'être rangés au nombre des élèves irrévérencieux, et de mériter le reproche d'avoir l'esprit frivole ou le cœur ingrat.

Devoirs de politesse de l'élève envers son maître : tenue respectueuse, docilité, prévenances. — Les égards que nous devons à nos maîtres sont analogues à ceux que nous témoignons à nos parents, avec cette différence qu'ils seront exempts de toute familiarité. Dans les deux cas, même ton et langage respectueux; même façon bienséante de recevoir un ordre, d'accepter une observation ou de présenter une excuse; même empressement à saluer et à obéir; enfin mêmes prévenances assidues en toutes circonstances.

Toutefois, certains conseils visent tout particulièrement l'écolier. Par un sentiment naturel de déférence, il se lève à l'entrée du maître et interrompt tout propos commencé; il se rassied sans précipitation maladroite, pour lui laisser le temps de répondre à ce salut et de gagner sa place; de même il attend, pour se préparer à quitter la classe, que le maître ait donné le signal du départ. Pendant les leçons, il fait preuve d'une attention soutenue; une attitude distraite, des bâillements indiscrets, une conversation à voix basse avec un camarade, sembleraient indiquer qu'il se soucie peu de l'enseignement qu'on lui donne. Il répond avec empressement et docilité aux questions qui lui sont posées, et demande poliment la parole dans le cas où, n'étant pas interrogé, il a quelque chose d'intéressant à dire. S'il est désigné pour une corvée (soin des crayons et ardoises, du matériel des leçons de choses, distribution de livres, etc.), ou bien chargé d'une mission délicate (surveillance d'élèves plus jeunes), il s'en acquitte de bonne grâce. L'apparence soignée de ses devoirs, dont l'écriture est nette et lisible, marque qu'il s'impose un effort pour épargner au maître la peine de déchiffrer des caractères mal formés. En dehors de la classe, si ce dernier l'interpelle, il s'empresse d'aller à lui; il n'oublie jamais, en lui parlant, de le désigner par le terme « Monsieur » qu'il évite de faire suivre du nom propre, cette dernière appellation étant trop familière. Il se lève pour le saluer et lui répondre, surtout si le maître lui adresse la parole, non en passant, mais pour un entretien un peu prolongé. Il montre toujours de la réserve en sa présence, et se garde de l'importuner par son bavardage, son agitation bruyante, et tout ce qui ressemblerait à du sans-gêne. Il va sans dire que dans ces circonstances un garçon se découvre toujours. Un élève respectueux rend enfin à son maître les mille petits services qu'un enfant obligeant est heureux de rendre à ceux qu'il aime. Il ne néglige jamais non plus de l'informer des raisons de son absence, lorsqu'il est obligé de manquer la classe pendant quelque temps. Ces actes divers, gages de soumission affectueuse envers celui qui nous élève, traduisent le souci que nous avons de lui témoigner notre déférence, et en même temps l'élan de cœur qui nous porte au-devant de lui, et nous fait rechercher toutes les occasions de lui faire plaisir. C'est ainsi que nous semblons lui dire, lorsque nous nous levons spontanément pour accueillir sa venue et ses paroles : « Je suis tout à vous. »

III

Devoirs de politesse de l'élève envers ses camarades.

Raisons pour lesquelles les élèves doivent être polis entre eux. — Les élèves les plus respectueux à l'égard de leur maître ne sont pas toujours polis envers leurs camarades. Ils admettent volontiers qu'entre égaux, et surtout entre amis, on n'a pas plus à se gêner qu'entre frères et sœurs; or, nous savons combien cette opinion est fausse. D'autre part, les rapports sont fréquents et intimes entre tous les membres de cette petite société scolaire; par cela même, les occasions de se heurter, de se froisser, de réclamer ses droits, sont fréquentes aussi, et dans le travail ou le jeu en commun, les égoïsmes et les vanités s'opposent souvent. Celui-là même qui consentirait à faire de temps à autre un léger sacrifice pour être agréable à un camarade, trouve l'effort à faire trop considérable, quand c'est à chaque instant qu'il doit s'oublier. Enfin, certains écoliers, par une étrange déformation de l'amour-propre, mettent leur vanité à paraître mal élevés; ils confondent la « pose » avec le « bon ton » et, par respect humain, pour être sûrs qu'on ne les accusera pas de donner dans le genre prétentieux, ils affectent un langage vulgaire et des manières négligées.

Et pourtant, c'est à se bien tenir et à être convenables entre eux, que les enfants devraient s'appliquer. Où et quand prendront-ils des habitudes de respect mutuel, s'ils ne les contractent dès l'école, et pendant qu'ils sont jeunes? Il peut se trouver parmi eux quelque nouveau camarade à l'âme particulièrement sensible et fière que ces façons cavalières, auxquelles il n'est pas accoutumé, effarouchent et déconcertent. Mais il est un cas surtout où leur rudesse d'allures et de langage peut vraiment faire du mal ; c'est lorsque, sans méchanceté réelle, mais pour s'amuser, ils prennent pour cible de leurs quolibets, de leurs taquineries brutales, ou de leurs espiègleries parfois cruelles, un camarade infirme, mal doué, ou simplement timide et incapable de se défendre. Après avoir souffert de ces moqueries, celui-ci finit par les trouver naturelles, et le résultat de ces petites humiliations, c'est qu'il perd peu à peu toute confiance en lui, et même toute fierté. A force de s'entendre dire qu'il est sot ou ridicule, il en arrive à se mépriser lui-même, à moins que, irrité de ces attaques continues, et impuissant à se venger ouvertement, il ne devienne sournois et méchant.

Devoirs de politesse des élèves entre eux, en étude, en récréation : bonnes manières, complaisance mutuelle. — La politesse de l'élève envers ses condisciples est plus familière naturellement que celle qu'il doit témoigner à son maître ou même à ses parents. Il s'agit là d'une différence de forme plutôt que de fond, et le devoir de l'enfant à l'école, comme en famille, comme partout ailleurs, est double : « s'abstenir de froisser et de gêner les autres ; se montrer prévenant et aimable. »

Pendant les heures de classe, un élève peut déranger ses compagnons d'étude en remuant ou bavardant sans cesse, en quittant trop souvent sa place, en maniant sans précaution ses livres, ses cahiers, le couvercle de son pupitre, en bousculant ses voisins rangés avec lui autour de la carte ou du tableau noir. Un camarade bien élevé s'applique à avoir des mouvements plus sobres et plus discrets. Il fait mieux encore : il prête à ses condisciples la gomme ou la règle dont ils ont besoin ; il leur donne à l'occasion un renseignement ou un conseil ; il les aborde aimablement, soit en classe, soit au dehors. Ses bons procédés s'adressent à tous, et il se garde de témoigner un dédain à la fois sot et injuste, aux camarades moins bien vêtus que lui, ou moins heureux dans leur travail.

Mais c'est surtout en récréation que l'écolier a l'occasion de pratiquer ses devoirs de politesse à l'égard de ses jeunes compagnons... ou de les oublier malheureusement. Les nécessités mêmes du jeu qui exigent parfois qu'on se fasse vite comprendre, autorisent sans doute quelques vivacités de langage et d'allures, mais il importe de ne pas dépasser certaines limites. Or, dans l'ardeur de la partie, on se permet des mouvements d'impatience trop marqués, des apostrophes trop dures, des discussions trop vives et qui dégénèrent en disputes ; en un mot, bien des intempérances de gestes et de paroles. Les écoliers sont tellement coutumiers du fait, qu'ils n'y attachent pas beaucoup d'importance, et cependant, il est indispensable qu'ils comprennent la nécessité de se surveiller davantage. Il convient encore de ne pas entraver la liberté de nos camarades par notre façon autoritaire de nous emparer des jouets, de diriger la partie, d'imposer nos divertissements préférés. Soyons beaux joueurs ; n'allons pas bouder et maugréer devant la défaite, comme si nous en voulions à notre partenaire d'avoir gagné la partie, ou insister désobligeamment sur ses maladresses, si c'est lui qui l'a perdue. Enfin soyons complaisants, prévenants pour nos compagnons de jeux; sachons au besoin céder de nos droits pour leur être agréables, et nous prêter à leurs désirs avec entrain et bonne humeur, même si nous ne partageons pas leurs goûts.

IV

De la tenue de l'écolier en récréation.

L'écolier ne doit pas ignorer qu'il y a une bonne tenue en récréation, comme il y a une bonne tenue en classe. Il peut et doit, aux heures de liberté, courir, sauter, prendre ses ébats, mais la franche allure de ses mouvements ne saurait dégénérer en brusquerie et en vulgarité; de même lorsqu'il rit, élève la voix, interpelle ses camarades, que son ton ne soit jamais criard et ses appels assourdissants. Le seuil de la classe franchi, il est malheureusement tenté de se laisser reprendre par de mauvaises habitudes, et trop souvent la sortie de l'école est accompagnée de cris et de bousculades dans la rue.

— L'enfant qui, à la maison et à l'école, fait preuve de bonne éducation, sera certainement plus tard un homme bien élevé. Au sein de la famille, et dans ce milieu scolaire, si favorable, disions-nous, à l'éclosion des vertus sociales, il peut en effet, mieux que partout ailleurs, se plier aux règles de la bonne tenue et du savoir-vivre.

CHAPITRE VIII

LA POLITESSE EN VISITE ET CHEZ NOS HÔTES

Nous avons vu comment, sur le terrain particulier de la famille et de l'école, les principes du savoir-vivre trouvent leur application. Il s'agit à présent d'étudier nos devoirs de politesse dans les principales circonstances qui nous mettent en rapport avec nos semblables. Envisageons tout d'abord le cas d'une visite à faire ou à recevoir. Les conseils qui vont suivre s'adressent surtout aux adultes, mais l'enfant devenu grand pourra se les rappeler et en tirer quelque profit.

Des visites à la campagne.

A proprement parler, on ne rend guère de visites à la campagne, et il faut désigner d'un terme moins mondain ces « réunions » amicales, d'un caractère tout intime qui ont lieu entre amis et connaissances. La simplicité des mœurs patriarcales et la fréquence des rapports mutuels au village, où tout le monde se connaît, facilitent les relations qui sont beaucoup plus aisées et naturelles qu'à la ville. On entre familièrement chez le voisin pour lui emprunter un objet, lui demander un service, lui annoncer une nouvelle. On se voit volontiers, surtout le dimanche ; on va passer une après-midi ou une soirée les uns chez les autres ; on cause, on joue, ou l'on travaille en devisant gaiement. Les jeunes filles et les femmes ont entre les mains un ouvrage de tricot ou de couture ; les hommes font une partie de cartes, parlent de la récolte ou de l'emploi de la journée ; les enfants s'amusent. Tous se livrent parfois à une occupation commune, et passent quelques veillées d'hiver à peigner le chanvre, éplucher les noix et les châtaignes, égrener les épis de maïs, etc...

Précautions diverses à prendre. — La familiarité de ces rapports presque journaliers présente un grand charme, mais elle a aussi un écueil. Elle peut dégénérer en un sans-gêne regrettable et amener des froissements, des rivalités et même des divisions durables. On s'efforcera donc de garder quelque indépendance et de ne pas compromettre celle des autres en multipliant indiscrètement chez eux ses allées et venues. A moins qu'ils ne nous attendent à une date fixée, on choisira pour aller les voir un jour et une heure convenables, de façon à ne pas courir le risque de troubler quelque réunion de famille, ou bien encore de déranger la ménagère en la surprenant dans les apprêts d'un dîner. Il conviendra, pour cette circonstance, d'enlever ses vêtements souillés par le travail du jour, et d'avoir une mise très propre, aussi soignée que possible. C'est en effet une manière d'honorer ses amis ou connaissances que de se « mettre en frais » pour eux, et de se donner quelque peine pour leur être agréable. On annoncera son arrivée, selon les cas, par un léger coup de sonnette ou un frappement discret à la porte. Avant d'entrer, on attendra d'y être invité de l'intérieur, afin de ne pas pénétrer à l'improviste dans la maison. On prendra soin d'essuyer ses chaussures si elles sont malpropres, et de laisser dans le couloir les objets encombrants ou mouillés qui pourraient salir le parquet. Enfin, et quel que soit le plaisir que nous procure cette visite, nous ne la prolongerons pas outre mesure ; à la conversation qui languit, à quelque signe de fatigue deviné plutôt qu'aperçu chez ceux qui nous reçoivent, il est aisé de se rendre compte du moment propice pour le départ. Et même nous devancerons cet instant, si par hasard survient un visiteur étranger, ou qu'un incident quelconque (réception d'une mauvaise nouvelle, par exemple), rende notre présence importune.

Ces relations doivent être inspirées par le respect des convenances et l'esprit d'amabilité. — Sans ces précautions, les relations les plus cordiales deviendraient bientôt gênantes et se relâcheraient assez vite. Quant à ces relations elles-mêmes, il est évident qu'elles seront toujours inspirées par le respect des convenances et l'esprit d'amabilité. Chacune des personnes présentes doit s'abstenir de tout procédé ou de toute parole susceptible de froisser les autres, ou contraire à la bonne éducation. Elle se défendra, dans l'excitation d'un entretien joyeux et animé, de cette gaîté vulgaire qui amène les propos libres, les familiarités déplacées, les plaisanteries lourdes, maladroites ou équivoques. Elle se gardera d'aborder tout sujet capable d'échauffer les esprits et d'amener une querelle, de faire quelque riposte vive et blessante, de prendre indiscrètement parti, dans une discussion, entre membres d'une même famille. Elle tâchera non seulement d'intéresser les autres, mais de s'intéresser elle-même à ce qu'ils disent, en ayant soin d'éviter les commérages condamnés par le bon goût aussi bien que par le bon cœur, et qui sont trop souvent au village, en l'absence d'une vie intellectuelle assez développée, le principal aliment peut-être des conversations féminines. Elle contribuera enfin par sa bonne humeur, sa complaisance à se plier aux désirs exprimés autour d'elle, à entretenir dans la société un entrain de bon aloi. Dans le cas, assez fréquent à la campagne, où elle serait invitée à prendre des rafraîchissements ou une collation, elle aurait mauvaise grâce à ne pas accepter simplement ce qui est offert de la même manière, mais elle se servira toujours avec sobriété et discrétion.

Cette recommandation dernière s'adresse surtout aux enfants. Il est naturel qu'ils soient tentés par les friandises, fruits ou gâteaux, qu'on met à leur disposition ; mais l'excès en pareille matière devient particulièrement fâcheux chez les jeunes invités qui se rendent coupables d'indiscrétion en abusant ainsi de l'hospitalité d'autrui. D'autre part, les enfants doivent s'appliquer à ne pas rendre leur présence désagréable par leurs demandes et caprices de toute nature, la mauvaise habitude qu'ils ont parfois de toucher à tout, les signes d'ennui et d'impatience qu'ils témoignent, et leurs instances réitérées pour partir. Il se livreront à une occupation quelconque, travail manuel ou jeu, et veilleront dans leurs amusements à n'être pas tapageurs. Les grands s'occuperont des plus jeunes, de façon à ce que tous laissent leurs parents causer entre eux librement et sans souci.

II

Des visites à la ville.

Nous avons parlé des précautions diverses que doit prendre un visiteur discret et bien élevé. Elles sont obligatoires en tout lieu, et elles prennent même à la ville, où les visites sont plus cérémonieuses qu'à la campagne, un caractère plus rigoureux. C'est ainsi qu'à moins de circonstances imprévues, et sauf le cas de relations intimes et fréquentes, il faut choisir « le jour » de la maîtresse de maison, si elle en a un, et se présenter dans l'après-midi, ni trop tôt, ni trop tard.

Façon de se présenter et maintien du visiteur. — Il convient de saluer la maîtresse de maison avant de s'incliner devant les autres visiteurs ; un homme ôte son chapeau en entrant et reste découvert. S'il s'agit d'une première visite, nous devons laisser à ceux qui nous reçoivent l'initiative de la poignée de main. Avançons-nous sans fausse timidité ni hardiesse vers le siège qu'on nous indique, et que nos mouvements soient à la fois mesurés, simples et naturels[1].

Nous éviterons de jeter des regards curieux sur l'ameublement. Non seulement cette attitude n'est pas discrète, mais elle risque de gêner la maîtresse de maison qui cherche avec un certain malaise à deviner notre impression. Enfin, elle a pour nous cet autre inconvénient qu'elle nous donne l'air un peu naïf des gens qui n'ont jamais rien vu. Cette même réserve s'impose toujours, il va sans dire, si nous restons seuls quelques instants. Il serait bien peu délicat, en l'absence de notre hôte, d'inventorier, pour ainsi dire, les pièces de son mobilier, de feuilleter un livre ou de regarder tels papiers qui se trouvent à notre portée.

La conversation en visite. — En visite, la

1. Pour les détails, se reporter aux leçons sur *la Bonne tenue*.

conversation peut toucher à bien des sujets : nouvelles de familles, grands événements contemporains, faits divers, livre récemment paru ou pièce nouvelle. Tous sont bons, mais à une double condition : c'est que la médisance et les indiscrétions en seront sévèrement bannies ; c'est que, d'autre part, ils seront assez généraux pour intéresser tout le monde, assez opportuns aussi pour ne causer d'impression pénible à personne.

Nécessité d'être polis envers toutes les personnes présentes. — Pendant l'entretien, nous devons nous montrer courtois envers toutes les personnes présentes. Sans doute, il est naturel que nous nous adressions, de préférence, à celles que nous connaissons, mais nous devons prêter aux paroles des autres une attention déférante. S'il arrive que nos rapports avec l'une d'elles soient délicats et tendus, faisons en sorte que rien dans notre attitude, à la fois correcte et réservée, ne trahisse notre sentiment. Il est de fort mauvais goût de laisser deviner aux visiteurs les démêlés que nous pouvons avoir avec l'un d'eux ; c'est « jeter un froid » dans l'assistance, et la préoccupation de tous se traduit dans le tour gêné de la conversation.

Manière de prendre congé. — On se lève pour répondre au salut d'entrée ou de sortie d'une visiteuse ; s'il s'agit d'un homme, les femmes ne font que s'incliner. — Quand notre tour viendra de prendre congé, saluons d'abord les maîtres de la maison avant de nous adresser aux autres personnes. Il serait maladroit de trop abréger sa visite et de paraître préoccupé de l'heure, ou de la trop prolonger ; de faire supposer par un départ intempestif que l'on s'ennuie et que l'on a hâte de partir, ou d'ennuyer les autres par un entretien qui ne finit pas. On comprend qu'il soit malaisé de donner des règles précises dans ces circonstances où notre bon sens et notre intuition naturelle peuvent seuls nous guider. Notre visite sera plus ou moins longue selon que nos rapports avec les maîtres de la maison sont plus ou moins intimes, selon l'insistance plus ou moins grande qu'ils mettent à nous retenir, enfin selon les nécessités de la conversation engagée. « L'homme bien élevé, dit La Bruyère, sait disparaître le moment qui précède celui où il serait de trop quelque part. » A chacun de nous de savoir saisir cet instant. Les visites entre personnes assez étrangères l'une à l'autre ne se prolongent guère toutefois au delà d'un quart d'heure ; il y a même un cas où l'on peut, où l'on doit presque en réduire encore la durée ; lorsque la pièce est encombrée, et tous les sièges occupés, céder le sien au nouveau venu, c'est tirer d'embarras la maîtresse de maison.

— Certaines personnes ont bien le désir de ne pas prolonger indiscrètement leur visite, mais elles ne savent pas s'en aller ; la crainte d'une gaucherie possible les cloue sur leur siège... jusqu'au moment où elles trouvent enfin le courage de se décider. Encore croient-elles nécessaire parfois de donner les raisons de leur départ. Mais un départ s'explique de lui-même ; il est d'ailleurs chose fort simple, et il n'y a pas là de quoi alarmer leur timidité ; qu'elles profitent de l'instant où la conversation languit un peu pour se lever sans précipitation et pour prendre congé.

III

Conseils particuliers aux visites de circonstances.

La plupart des recommandations qui précèdent sont générales et susceptibles par suite de s'appliquer à tous les genres de visites (visites d'affaires, visites qualifiées officielles, etc...) bien qu'elles intéressent surtout les visites. chez des amis ou connaissances. Certaines circonstances qui rendent ces dernières particulièrement obligatoires, appellent quelques conseils particuliers. Au début de la nouvelle année, à cette époque des souhaits mutuels, il est d'usage de se présenter chez les personnes avec lesquelles on est en relations suivies pour leur offrir ses vœux. — Après une invitation (dîner ou fête quelconque), nous devons aller voir au plus tôt ceux qui ont cherché ainsi à nous faire plaisir ; c'est une manière de les remercier de leur amabilité à notre égard.

Nous rendrons visite aux malades ou convalescents que nous connaissons assez intimement ; est-il besoin de dire qu'il faut abréger l'entretien pour ne pas les fatiguer, et prendre soin de leur dissimuler nos inquiétudes possibles à leur sujet? — Nous devons, au contraire, leur montrer un visage serein, les distraire par quelques anecdotes sans élever trop la voix, et leur ménager, si nous pouvons, l'agréable surprise de recevoir de nos mains quelques fruits ou quelques fleurs. Un événement heureux arrive-t-il à une personne de nos connaissances ? Allons la féliciter sans retard. S'agit-il d'une triste nouvelle la concernant et que nous venons d'apprendre, de la mort de l'un des siens par exemple? dans ce cas aussi une visite s'impose qui lui prouvera que nous pensons à elle et que nous compatissons à son affliction ; il est vrai qu'à moins d'une intimité assez grande entre elle et nous, la discrétion nous en fera reculer la date, afin de ne pas gêner par notre présence les premiers épanchements de sa douleur. On doit sans doute éviter toute insistance trop pénible sur le triste événement qui nous amène, mais l'essentiel c'est avant tout de suivre la personne affligée sur le terrain où elle désire nous conduire ; or, il n'est pas rare qu'elle préfère être entretenue de sa peine. Quel que soit d'ailleurs le sujet de la conversation, dans de telles circonstances, il ne peut être que sérieux et grave.

V

Obligations de la maîtresse de maison envers ses visiteurs.

La personne qui reçoit a, elle aussi, ses obligations particulières. Elle se lève pour accueillir les visiteurs et leur offrir un siège; pour les saluer et les accompagner à leur sortie. S'ils surviennent à un moment inopportun, que leur conversation soit fatigante ou que leur présence se prolonge, elle fait contre mauvaise fortune bon cœur. C'est à la campagne surtout que la maîtresse de maison, n'ayant pas de « jour », est exposée à être dérangée dans sa besogne quotidienne par l'arrivée de quelque personne. Elle enlève au besoin son tablier de ménagère, s'excuse d'avoir à surveiller sa cuisine ou à continuer un travail pressé. Lorsqu'elle convie des voisins ou connaissances à une petite réunion familière, elle les reçoit avec simplicité et cordialité, et cherche par tous les moyens possibles à les distraire et à leur faire passer quelques heures agréables.

A la ville, la maîtresse de maison dont les relations sont parfois assez étendues, reçoit en général à un jour déterminé, avons-nous dit. Elle doit être alors irréprochable dans sa mise, car elle n'a pas l'excuse de la ménagère de campagne surprise souvent à l'improviste. Elle présente l'une à l'autre (et quand elle pense aller au devant de leurs désirs), deux personnes qui se rencontrent chez elle sans se connaître ; elle nomme en premier lieu la plus jeune à la plus âgée, l'homme à la femme, et l'inférieur au supérieur ; il est assez naturel, en effet, qu'elle renseigne tout d'abord celle à qui elle doit le plus d'égards en raison de son âge, de son sexe ou de sa situation. Elle dirige discrètement la conversation de manière à y faire participer tout le monde, évite les apartés trop prolongés, s'occupe de tous les visiteurs et veille en particulier à ne pas délaisser les plus modestes.

V

La politesse chez nos hôtes.

Conseils relatifs à celui qui est reçu. — Il se peut qu'au lieu d'une simple visite nous fassions un séjour chez des amis. Dans ce cas, la plus grande discrétion est de rigueur. Il serait de la dernière inconvenance de profiter de la liberté dont nous jouissons pour nous permettre de regarder dans les tiroirs ou les placards, de lire les papiers oubliés sur les tables, de cueillir les fleurs du jardin à moins d'y être invités, de laisser en désordre la chambre et les objets divers mis à notre disposition. De même, il faut se garder de toute ingérence dans les affaires domestiques ; nous n'avons à intervenir ni dans une question qu'on débat devant nous, ni dans une discussion de famille. Nous devons nous plier aussi, avec une exactitude scrupuleuse, aux habitudes de la maison, et n'imposer aucune des nôtres, cela va sans dire , quand on redoute de changer les siennes propres, on décline toute invitation et l'on reste chez soi. Les enfants doivent veiller à réprimer leurs caprices ; on peut, à la rigueur, leur pardonner d'être importuns en famille, mais il est permis à des étrangers de n'avoir pas pour eux la tendre indulgence des parents. Il est à peine besoin d'ajouter qu'on ne fera aucune remarque désobligeante sur la demeure de son hôte, sur le service, sur l'emploi de la journée, aussi bien que sur le pays et les usages de la région ; on ne songe pas toujours assez à quel point « l'amour du clocher » peut être ombrageux et susceptible.

La politesse doit encore nous inspirer le désir de nous rendre utiles, par exemple en secondant discrètement la maîtresse de maison dans les soins du ménage ; en l'aidant à achever tel travail de couture ; en faisant la partie de l'aïeul ; en un mot, en mettant nos talents, quels qu'ils soient, au service de nos hôtes. Elle nous crée le devoir de donner une rétribution aux gens de service (s'il y en a) qui ont eu, en raison de notre présence, un travail supplémentaire. Elle nous impose l'obligation si naturelle d'écrire à nos amis, le plus tôt possible, pour les remercier de leur bon accueil. Elle nous fait saisir enfin la première occasion propice de leur ménager un plaisir à notre tour, soit par un présent conforme à leurs goûts, soit par quelque attention délicate dont notre cœur est l'artisan.

Conseils relatifs à celui qui reçoit. — De son côté, la maîtresse de maison a des obligations aussi précises que ses invités. Tous ses efforts doivent tendre à leur ménager une hospitalité agréable, qui non seulement ne déconcerte pas trop leurs habitudes et n'opprime pas leur indépendance, mais leur réserve même quelques distractions.

Maîtres et invités ont donc des devoirs de politesse respectifs. Ces devoirs ne sont d'ailleurs qu'une application particulière des conseils généraux exposés dans nos premières leçons : « Evitons de gêner les autres et d'être indiscrets. Soyons aimables, prévenants et reconnaissants. »

CHAPITRE IX

LA POLITESSE EN CONVERSATION

I

De l'entretien proprement dit.

Il n'y a pas de visite sans conversation, et même la conversation est, en somme, l'objet essentiel de la visite. C'est à dessein, toutefois, que nous avons omis, jusqu'à présent, d'en parler en détail ; la question mérite, par son importance, d'être traitée séparément ; par sa nature, elle se rattache d'ailleurs à plus d'un sujet, et l'occasion de causer avec nos amis et connaissances ne se présente pas seulement lorsque nous allons les voir. Dans cette leçon, comme dans la précédente, la plupart de nos conseils s'adressent particulièrement aux adultes. En attendant que les enfants soient en âge de les appliquer, leur rôle en conversation est assez négatif, et consiste plutôt à se taire et à écouter les autres ; ils se bornent à répondre quand on les interroge.

Éviter de froisser nos interlocuteurs. — C'est surtout à leur conversation que nous jugeons du degré d'éducation de nos semblables. Dans cette circonstance, plus que dans beaucoup d'autres où ils sont guidés par la connaissance de certaines conventions sociales, ils doivent payer de leur personne ; or, s'ils n'ont pas le véritable esprit de politesse, il peut leur arriver maintes fois de nous blesser de bien des façons. Tantôt ils nous froissent par un démenti brutal, une remarque désobligeante, un sous-entendu malicieux, ou bien encore par les aspérités d'un caractère trop facilement irritable et enclin à la colère ; tantôt ils évoquent maladroitement tel souvenir douloureux ou humiliant qui réveille nos peines. « C'est parler mal à propos, dit à ce sujet La Bruyère, que de s'étendre sur un repas magnifique que l'on vient de faire, devant des gens qui sont réduits à épargner leur pain ; de dire merveilles de sa santé devant des infirmes ; d'entretenir de ses richesses, de ses revenus et de ses ameublements, un homme qui n'a ni rentes, ni domicile ; en un mot de parler de son bonheur devant des misérables. » Un interlocuteur maladroit peut aussi nous offenser par l'air railleur avec lequel il tourne en ridicule nos idées et nos sentiments, ou par l'emportement qu'il met à les combattre. L'intolérance, voilà le défaut qui conduit beaucoup de gens à blesser gravement leurs semblables. Toute opinion est respectable par le seul fait qu'elle est sincère, et tous nous avons le droit de penser librement. C'est ce que nos adversaires ne peuvent admettre, et ils admettraient encore moins qu'on se permît d'user de réciprocité envers eux. Si les raisons tirées de leur intérêt sont seules capables de les faire changer d'attitude ou de langage, ils devraient se dire que l'intolérance est une sottise autant qu'une faute. La raillerie et l'insulte n'ont jamais convaincu personne, — bien au contraire; celui qui emploie de tels procédés jette le discrédit sur ses propres opinions ; on pense avec raison que la vérité persuade par sa seule évidence, et n'a pas besoin, pour éclairer les esprits, du secours de la moquerie ou de l'injure. Il va sans dire que la politesse n'oblige pas à abdiquer ses sentiments ; elle permet l'opposition des idées, sous la réserve que la discussion restera courtoise ; elle autorise les objections présentées sans aigreur, et les rectifications faites sur un ton convenable.

Sans vouloir désobliger ses interlocuteurs, on peut être « un fâcheux » en conversation, soit qu'on les gêne par des médisances ou des confidences qui les embarrassent, soit qu'on les empêche d'exprimer leur pensée en leur coupant la parole à chaque instant; soit enfin qu'on parle toujours de soi ou tout simplement qu'on parle toujours. Il ne faut pas croire aisément que nous sommes un sujet palpitant d'intérêt pour ceux qui nous écoutent, et le plus souvent c'est être importun que de vouloir être important. Sans doute, notre « moi » n'est pas toujours « haïssable » ; mais c'est à la condition que nous ne le mettions pas trop en avant, et surtout trop orgueilleusement, au détriment des autres que nous reléguons ainsi dans l'ombre. Et c'est encore rester au premier plan que de tenir le dé de la conversation d'une façon continue; parmi nos auditeurs, peut-être y en a-t-il qui seraient bien aises de jouer un rôle plus actif et de donner à l'entretien un tour qui leur conviendrait mieux. Sachons donc leur céder la parole, et s'il leur arrive de ne pas nous intéresser, évitons de prendre cet air distrait, préoccupé, ennuyé même, qui caractérise les gens de mauvaise compagnie. Il n'est pas donné à tout le monde d'avoir de l'esprit, et « il vaut mieux courir le risque de s'ennuyer une heure ou deux que d'affliger gratuitement qui que ce soit ».

Écouter les autres avec une curiosité bienveillante. — Il ne suffit pas d'éviter de blesser ou d'importuner les autres lorsque nous causons avec eux. L'esprit de conversation nous oblige aussi à les écouter avec une curiosité bienveillante. C'est un grand charme que ce sentiment pour celui qui en est l'objet et se sent encouragé à communiquer ses idées et à livrer ses impressions. Il est vrai qu'il porte avec lui sa récompense ; lorsqu'on sait s'oublier soi-même et s'intéresser aux idées d'autrui, il est rare qu'on ne les trouve pas en effet intéressantes. D'ailleurs, on peut toujours placer ses interlocuteurs sur leur terrain; cette personne, dont l'esprit vous paraissait inculte et peu ouvert, est capable peut-être d'aperçus très personnels sur les choses de sa compétence; cette autre, insignifiante au premier abord, se révélera à vous bonne et délicate, si vous l'amenez à vous parler de sa famille et de ses enfants. Ainsi chacun de nous est original par quelque endroit; mais pour dévoiler ce côté intéressant de notre nature, nous avons besoin de rencontrer autour de nous de la bienveillance, de la bonté. C'est dans la mesure où les autres se donnent à nous que nous nous donnons à eux.

II

Du langage.

Éviter un langage prétentieux ou vulgaire, hautain ou trop familier. — Certaines règles du savoir-vivre intéressent le langage proprement dit. Il ne doit être ni prétentieux, ni vulgaire; il faut éviter, avec un soin égal, les expressions triviales et les épithètes malsonnantes qui choquent tout particulièrement dans la bouche d'une jeune fille, ou les mots recherchés, déclamatoires et emphatiques dont l'emploi nous rend toujours ridicules. Ce dernier travers n'est guère celui de l'ouvrier ou du paysan qui éprouverait plutôt une espèce de fausse honte à trancher sur son milieu, et à « poser pour le bourgeois » aux yeux des camarades. La vie d'atelier, le sans-gêne de la campagne encouragent au contraire une liberté de langage, une crudité de termes, une grossièreté dans la plaisanterie qu'il faut se garder d'imiter. D'autre part, il convient de bannir de notre vocabulaire ces formes impérieuses et souvent hautaines, si opposées à la courtoisie : « Passez-moi cet objet », « Fermez cette porte ». Si nous les employons, ajoutons du moins l'expression consacrée : « Je vous prie » ou « s'il vous plaît ». C'est manquer d'égards, même envers ceux dont le rôle est de nous servir, que de leur commander ainsi en maître.

Comme nous-mêmes, on le voit, le langage peut avoir, en quelque sorte, « une bonne ou une mauvaise tenue ». Et de même que notre tenue peut encourir parfois le reproche d'être trop familière, de même il peut arriver que notre langage soit trop familier dans certaines circonstances; à chacun de nous de discerner ces nuances. Une personne s'adressant à une autre à laquelle elle doit un respect particulier, se gardera de la désigner par son nom propre, de lui répondre brièvement par un « oui » ou un « non », ou bien, sans se donner la peine d'ouvrir la bouche, par un simple signe de tête. Elle évitera de lui poser les questions : Voulez-vous ? Trouvez-vous ? N'est-ce pas ? sans ajouter le correctif : Monsieur (ou Madame), qui atténue la liberté de ces interrogations. Tous enfin nous devons employer les formules suivantes : Plaît-il? ou : S'il vous plaît? au lieu des « hein? » et des « quoi? » dont les enfants surtout sont si prodigues.

Nous rappelons qu'à l'exemple du langage le ton ne doit être ni hautain, ni prétentieux, ni vulgaire. Nous avons eu l'occasion de donner ces conseils dans nos premières leçons.

Telles sont les règles qui doivent nous guider dans la conversation. Il ne dépend pas toujours de nous, avons-nous dit, d'être un causeur agréable et disert; mais l'étendue du savoir et la vivacité de l'intelligence ne sont pas nos plus puissants attraits auprès de nos interlocuteurs. Rien ne vaut pour eux le charme d'entendre une parole bienveillante, et la douceur d'entrer en confiance avec quelqu'un de simple et bon. Or chacun de nous peut et doit avoir la légitime ambition de leur procurer ce plaisir, et de ressembler au personnage qui a inspiré à La Bruyère cette réflexion d'une vérité toujours actuelle : « L'on est plus sociable et d'un meilleur commerce par le cœur que par l'esprit. »

CHAPITRE X

LA POLITESSE A TABLE

I

Conseils relatifs au service de la table.

Les repas nous fournissent aussi l'occasion d'entrer en rapports avec nos semblables. Non seulement, nous prenons part tous les jours aux repas de la famille, mais il nous arrive d'être invités à la table de nos amis ou connaissances et de les prier à la nôtre. Les différences de situation et de fortune impliquent nécessairement des variations dans la composition des menus journaliers, ainsi que dans la qualité et l'importance du service. Il est facile de concevoir que, chez les familles peu aisées, le luxe de la table ne peut consister que dans la propreté parfaite du linge et des objets dont on se sert. Toutefois, est-il à souhaiter que dans les milieux les plus modestes, chaque personne puisse avoir son couvert complet (assiette, verre, fourchette, cuillère et couteau), et sa serviette particulière. Il est non moins désirable que ce minimum exigible soit complété par la cuillère à plat et le couteau à pain sans lesquels chacun se trouve obligé, pour se servir, de faire usage de ses ustensiles personnels, au préjudice de la plus élémentaire propreté. Si même, à défaut de nappe, la ménagère pouvait faire l'acquisition d'une toile cirée, très bien entretenue, la bonne apparence de l'ensemble n'en serait que meilleure encore.

La table est dressée, attendant les commensaux. Quelle forme nouvelle nos devoirs de politesse et de bonne tenue présentent-ils?

II

Règles de bonne tenue.

Par hygiène, sans doute, mais aussi par respect pour soi-même et par égard pour les autres, on doit être d'une propreté irréprochable en se présentant à table. Si l'un des convives n'était pas assez soigné, si son visage ou ses mains étaient peu nets et ses ongles mal entretenus, l'appétit de tous pourrait être, à vrai dire, singulièrement compromis.

Se bien tenir à table. — D'autre part, il importe de se bien tenir; en s'asseyant trop loin de la table, on est obligé de se pencher en avant pour porter les aliments à la bouche et de prendre ainsi une attitude fort gauche; en se plaçant trop près, au contraire, on risque d'être gêné dans ses mouvements et même de gêner les autres. On se tiendra donc à une distance telle que, les coudes étant naturellement en dehors, il suffise pour manger de s'incliner très légèrement. On doit encore éviter de se renverser sur sa chaise ou de s'accouder nonchalamment sur la table; d'étendre les jambes ou de se pencher à droite et à gauche, afin de n'incommoder personne; encore plus de s'absorber dans la lecture d'un journal ou d'un livre, commequelques-uns se le permettent en famille.

Manger adroitement. — Dès notre plus jeune âge, nous apprenons à nous servir des ustensiles de table, mais il convient peut-être de rappeler ici à l'enfant l'usage qu'il doit en faire. Celui qui ne sait pas les manier avec aisance est paralysé par la conscience de sa gaucherie, et il est doublement maladroit quand il se trouve au milieu de convives étrangers.

Une fois installé, on déplie sa serviette sur ses genoux. En famille, on a la prudente habitude, il est vrai, de l'attacher devant soi pour mieux protéger ses vêtements contre une maladresse possible; mais, en compagnie de personnes étrangères, on veille plus attentivement sur ses mouvements, et la serviette a surtout pour objet de permettre de s'essuyer les doigts ou les lèvres. Attachée au cou de chacun des convives, elle serait d'ailleurs d'un effet peu seyant. C'est la main droite qui manie le couteau, pendant que l'autre tient la fourchette et porte les morceaux à la bouche, au fur et à mesure qu'ils sont découpés. Dans le cas où le couteau n'est pas nécessaire (lorsqu'on mange des légumes, par exemple), la fourchette passe naturellement dans la main droite qui est en général la plus habile, tellement elle est habituée à nous servir. Ainsi, c'est elle qui tient la cuillère avec laquelle nous mangeons la soupe et les aliments peu consistants (crème, confiture...); c'est elle qui prend le verre et l'approche des lèvres, qui le soulève légèrement pour faciliter la tâche de la personne qui verse à boire. C'est toujours elle qui tient le couteau avec lequel on mange le fromage, ou découpe le fruit en quartiers pour le peler plus commodément. Ces usages sont trop connus pour que nous ayons besoin d'y insister; c'est l'habileté, plus que la connaissance, qui fait parfois défaut en la matière. Toutefois, il peut arriver que nous ne sachions comment nous y prendre pour manger tel aliment qui ne nous est pas familier; le plus simple est alors d'imiter ce que nous voyons faire.

L'adresse consiste encore, à table, à manier discrètement les divers objets dont nous nous servons. Il y a une façon de poser sans précaution son verre, de choquer son assiette avec sa cuillère, de faire grincer, en découpant la viande, sa fourchette et son couteau, qui vient à l'encontre de cette réserve des mouvements que nous avons recommandée. Il est plus déplaisant encore d'entendre humer, souffler, boire et manger bruyamment, et le bon ton exige que nous soyons discrets dans notre manière même de manger.

Manger proprement. — La bonne éducation nous oblige aussi à manger proprement. Il n'y a rien qui dispose moins à l'appétit que la vue d'un convive qui mange gloutonnement, lèche ses doigts, parle la bouche pleine, boit dans son assiette le reste de sa soupe, passe le couteau sur ses lèvres ou essuie celles-ci du revers de la main, coupe le pain et se sert des mets avec ses ustensiles personnels, rejette ostensiblement dans l'assiette, et sans faire usage de la cuillère, le noyau qu'il ne veut pas avaler ; d'un convive qui ternit son verre parce qu'il néglige, avant de boire, de s'essuyer les lèvres ; qui néglige de même de les essuyer après avoir bu ; qui jette par terre ou sur la table les débris de ses aliments au lieu de les laisser sur le bord de son assiette; qui se sert pour manger autant de ses doigts que de la fourchette et du couteau. A part quelques exceptions bien connues (les asperges, les artichauts, les radis, la plupart des fruits crus, qui se mangent avec le secours des doigts), la main ne doit pas en effet toucher aux aliments; nous rompons, il est vrai, notre pain, mais cette coutume n'a rien qui choque le goût, et il nous déplairait, au contraire, d'employer le couteau avec lequel nous découpons la viande. Toutefois, si la petite cuillère à sel et le couteau à dessert font défaut, nous nous servirons de notre unique couteau préalablement essuyé. Enfin, nous éviterons de salir la nappe ou la toile cirée, et surtout de tacher nos vêtements et ceux de nos voisins de table, par quelque maladresse faite soit en découpant, soit en passant les plats.

III

Règles de politesse.

Ne pas être un convive désobligeant pour la maîtresse de maison. — Il ne suffit pas de manger avec adresse et propreté; le savoir-vivre exige aussi que nous ne soyons pas un convive désobligeant pour la maîtresse de maison. Essuyer les objets dont on va se servir, flairer les mets avant d'y goûter, refuser d'en prendre ou y toucher à peine parce qu'ils ne conviennent pas, manger du bout des lèvres et avec une certaine répugnance, — autant d'actes dont il faut s'abstenir, et qui témoignent d'une méfiance peu flatteuse pour la propreté du service ou la qualité de la cuisine. On n'est pas tenu de faire honneur à tous les plats et l'on doit même manger avec discrétion et dans les limites de son appétit; mais les refuser sous prétexte qu'on ne les aime pas, c'est causer une déception à ceux qui avaient cru faire plaisir en les offrant. Il est bon d'habituer de bonne heure l'enfant à manger de tout, pour que son estomac n'ait pas plus tard des répugnances invincibles qu'il est toujours ennuyeux d'avouer, surtout chez des étrangers.

Être un commensal discret et complaisant. — Nous avons encore pour obligation d'être un convive discret, en famille comme au dehors. Nous ne choisirons pas notre morceau, et nous nous servirons avec modération, en respectant la part des autres personnes. Le rôle des enfants est d'attendre patiemment leur tour, et d'accepter sans récriminer, en remerciant, la part qui leur a été attribuée. Nous éviterons de gêner nos commensaux en observant la manière dont ils se servent. Si nous trouvons dans les aliments quelque chose de suspect, nous ferons en sorte de dissimuler cette découverte. Il va sans dire que tous les sujets de nature à provoquer le dégoût, seront soigneusement écartés de la conversation.

Ces précautions ne suffisent pas. Pour qu'un repas soit agréable, il faut qu'il mérite vraiment son nom de « repas en commun » ; chacun doit songer à ceux qui l'entourent au lieu de penser uniquement à soi, comme fait, à table d'hôte, le voyageur qui s'installe à la hâte au milieu d'inconnus. Afin d'épargner aux derniers servis l'embarras de manger seuls, on évitera de commencer avant eux. On veillera à ce que ses voisins de table aient tout ce qu'il leur faut ; c est aux hommes, en particulier, à rendre ces menus services qui consistent à passer le pain, offrir à boire, tenir le plat pendant qu'un autre se sert. En cas d'oubli de ces marques de prévenance, le plus simple est de se servir soi-même.

IV

Des invitations à dîner.

Conseils relatifs à l'invité. — Quelques conseils supplémentaires nous restent à donner qui intéressent les invitations à dîner et les repas de cérémonie. Lorsque nous sommes conviés à une table étrangère, la politesse nous fait un devoir d'être exacts; arriver en retard serait compromettre la qualité des plats, obliger les autres invités à attendre, et contrarier par suite la maîtresse de maison; arriver trop en avance serait risquer de gêner celle-ci dans ses préparatifs. Il faut se présenter quelques minutes avant l'heure fixée, c'est-à-dire se réserver juste le temps de saluer ses hôtes. On ne retire ses gants qu'au moment de se mettre à table (les enlever plus tôt semblerait indiquer que l'on est impatient de s'y rendre), et chacun se met à la place qui lui est désignée. Le repas achevé, au lieu de plier sa serviette, puisqu aussi bien elle ne doit plus servir, on se contente de la poser sur la table.

Obligations de la personne qui invite. — La maîtresse de maison doit être aussi exacte que ses invités. Elle aura pris soin de réunir les personnes qui se conviennent, et c'est encore leurs goûts présumés qui la guideront en partie dans le choix des places à leur attribuer. Toutefois, les conventions sociales lui font une obligation de placer à sa droite et à sa gauche les deux convives masculins désignés pour les places d'honneur; de même, elle mettra à la droite et la gauche de son mari les dames qu'elle veut honorer C'est elle qui donne le signal et de s'asseoir et de quitter la table.

Il est évident que le service doit être très convenable. Si les mets sont insuffisants, si la propreté du linge et des ustensiles de table est suspecte, l'amphitryon aurait mieux fait de s'abstenir. On peut d'ailleurs recevoir à la fois très simplement et très bien; le seul aspect d'une nappe bien fraîche et d'une vaisselle irréprochable dispose à l'appétit, et la maîtresse de maison ne doit pas oublier que, dans le plaisir de manger, entre comme élément le goût de l'agréable et du joli. D'autre part, elle sera attentive à ce que ses invités ne manquent de rien; elle préviendra leurs désirs par ses offres aimables, mais elle se gardera d'y mettre trop d'insistance sous peine de les rendre gênantes. C'est aussi avec mesure qu'elle exprimera ses regrets si un plat n'est pas réussi; une confusion excessive mettrait les convives dans l'embarras, et ferait supposer qu'ils considèrent comme un grave événement ce qui est un incident sans portée sérieuse.

Ainsi, la bonne tenue et la politesse sont de rigueur à table, comme partout ailleurs. Il est vrai que, parmi les conseils précédents, il faut distinguer, de ceux qui sont vraiment importants et ont leur origine dans le respect de soi et des autres, les simples usages dont nous avons parlé, surtout en premier lieu. Efforçons-nous sans doute de pratiquer ces usages, mais s'il nous arrive en société d'être maladroits dans leur application, ne nous troublons pas outre mesure; le sentiment trop vif de notre gaucherie a pour résultat presque infaillible de l'augmenter. Disons-nous qu'après tout la chose est d'importance secondaire, et que l'essentiel est de ne pas manquer aux convenances.

CHAPITRE XI

LA BONNE TENUE ET LA POLITESSE DANS DES CIRCONSTANCES DIVERSES

Les principes du savoir-vivre trouvent encore leur application dans des circonstances diverses dont quelques-unes se renouvellent trop fréquemment pour que nous les passions sous silence. C'est ainsi que tous les jours, ou du moins très souvent, il nous arrive de sortir, soit pour faire une course, soit pour aller en promenade, et de croiser des passants. Notre devoir, nos intérêts ou notre plaisir, nous appellent parfois dans un endroit public pour assister à une cérémonie, à une réunion, à un spectacle. Par les voyages, beaucoup d'entre nous se trouvent en relations passagères avec des étrangers. Dans tous ces cas qui intéressent nos rapports avec des personnes généralement peu ou point connues de nous, certaines règles s'imposent qui concernent surtout la « tenue » proprement dite.

I

De la bonne tenue et de la politesse dans la rue.

Raisons pour lesquelles nous devons nous bien tenir dans la rue. — Lorsque nous sortons pour une course, une visite ou une promenade, les conseils relatifs à la tenue reçoivent des circonstances une importance toute particulière, et le respect des personnes que nous rencontrons dans la rue, aussi bien qu'un sentiment de dignité personnelle, nous oblige à beaucoup de correction dans le maintien et de réserve dans les manières. D'autre part, il est sage de ne pas provoquer l'attention curieuse et la critique sévère du passant. Cette personne que nous croisons nous juge sur notre air et notre tenue, et elle ne peut nous juger, en effet, que sur ces indications. La plupart du temps, nous sommes un inconnu pour elle; en dehors de notre nom et de notre situation, elle ne sait presque rien de nous; elle ignore les qualités sérieuses que nous pouvons avoir. Il est donc assez naturel qu'elle ait de nous une opinion bonne ou défavorable selon l'impression que nous lui aurons produite en passant. C'est principalement aux jeunes filles que nous nous adressons; elles ne gagnent rien à attirer l'attention — bien au contraire, — et le jugement du public les condamne vite si leur tenue discrète ne fait pas préjuger du sérieux de leur esprit et de leur conduite.

Ce qu'il faut éviter. — Or, c'est mal se tenir[1] que de courir dans la rue, à moins d'absolue néces-

---

1. Pour ce qui concerne le maintien et la démarche, se reporter au chapitre III.

sité; d'y flâner au risque de se faire remarquer; d'avoir une démarche nonchalante ou cavalière; d'interpeller à voix haute des personnes de connaissance; de se donner en spectacle par des exclamations, des éclats de rire, une parole bruyante ou bien encore une gesticulation trop animée. C'est mal se tenir, et c'est être impoli, que de marcher sans précaution auprès des passants, de les pousser ou de les heurter, de s'exposer à les blesser par la façon maladroite dont on tient sa canne ou son parapluie, de les montrer du doigt ou de se retourner pour les suivre du regard avec une curiosité non déguisée. Ce dernier trait, en particulier, témoigne d'une fort mauvaise éducation; il est toujours gênant de se sentir l'objet d'une attention marquée, surtout si cette attention se complique de commentaires ou de sourires peu obligeants.

Ce qu'il convient de faire. — S'abstenir de gêner ou de froisser les passants ne suffit pas. Nous donnerons de bonne grâce tel renseignement qui nous sera demandé; si c'est nous qui l'avons reçu, nous offrirons nos remerciements. Nous céderons le haut du pavé aux personnes plus âgées que nous, ou embarrassées d'un fardeau. Nous saluerons nos amis et connaissances, soit que nous nous inclinions les premiers devant eux, soit que nous leur rendions leurs politesses. L'amabilité peut même nous conduire à nous arrêter un instant pour échanger quelques mots avec tel d'entre eux; mais, à moins d'intimité entre notre interlocuteur et nous, l'initiative de ce mouvement doit lui être réservée, s'il est notre aîné, ou notre supérieur ; il agira selon son désir. De même, c'est lui qui prendra congé de nous, si toutefois la nécessité ne nous oblige pas à nous excuser et à continuer notre course. Il est de bon goût de ne pas prolonger cet entretien qui arrête sur nous les regards, et de ne pas convertir en un lieu public de conversation un endroit qui, par définition même, doit permettre de circuler facilement. Nous éviterons de poser à notre interlocuteur la question un peu machinale, mais souvent indiscrète : « Où allez-vous? » qui vient aux lèvres de beaucoup d'entre nous.

Lorsque nous sortons en compagnie d'une personne qui est notre supérieure par l'âge ou par la situation, mettons-nous discrètement à sa gauche (puisqu'il est convenu que la droite est la place d'honneur), à moins que le désir de lui ménager un chemin favorable, de lui céder, par exemple, le haut du pavé, ne nous oblige à passer de l'autre côté. Si nous sommes plusieurs à l'accompagner, un mouvement très naturel de respectueuse considération nous conduira à la placer au milieu de nous, à « l'entourer » par conséquent, et à lui permettre ainsi de mieux suivre la conversation engagée. Efforçons-nous de régler notre pas sur celui de nos compagnons de route. N'oublions pas non plus de saluer lorsqu'ils saluent, soit qu'ils préviennent la politesse qui leur est due, soit qu'ils y répondent. Il semblerait, en nous abstenant, que nous dédaignions les personnes qu'ils connaissent.

Même dans la rue, les règles de la politesse trouvent, on le voit, leur application. Elles se présentent, comme toujours, sous deux aspects; les unes sont des règles d'abstention, les autres des obligations positives; mais toutes ont pour principe commun le respect de soi et de ses semblables

II

La politesse chez les fournisseurs.

Conseils relatifs au client. — Le but de notre course est fréquemment l'achat d'un objet quelconque, et nous sommes amenés à dire quelques mots de « la politesse chez les fournisseurs ». Le salut d'entrée et de sortie s'impose là, comme partout ailleurs, ainsi que le soin, trop souvent négligé par les enfants, de fermer la porte. On doit s'abstenir de fumer et de prendre ses aises comme si l'on était chez soi. Si des clients nous précèdent, attendons notre tour, sans manifester d'impatience, et sans les gêner par notre curiosité. Tout en prenant le temps de choisir, nous éviterons d'abuser de la complaisance du marchand, surtout si nous n'avons pas l'intention arrêtée de lui acheter quelque chose. Nous serons polis dans nos demandes, discrets dans notre façon de discuter les prix, discrets aussi dans notre conversation qui doit être éloignée de tout commérage. Dans une maison de commerce, ouverte à tout le monde, il faut se garder de s'entretenir des affaires d'autrui ; ce serait les divulguer en public. La même réserve nous est imposée au sujet des nôtres. Bornons-nous à traiter la question d'achat, si nous ne voulons être ni importuns, ni bavards.

Conseils relatifs au marchand. — De son côté, le marchand a le devoir de ne pas fatiguer son client par des offres trop pressantes, ou une amabilité indiscrète qui peut le rendre familier et gênant, alors qu'il entend seulement paraître empressé.

III

Le salut au drapeau.

Il peut se faire que nous rencontrions sur notre passage, soit un régiment, soit un cortège officiel. La fibre nationale qui est au cœur de tous les hommes, les fait se découvrir spontanément dans ces circonstances, pour honorer le pays dans ses représentants, ou dans son symbole, le drapeau. C'est également tête nue qu'ils écoutent un chant patriotique, ce chant serait-il celui d'une nation étrangère. C'est ainsi qu'au delà comme en deçà des frontières, le sentiment du respect s'applique à toutes les choses respectables. Il est le trait d'union entre tous les peuples, comme il est le lien qui relie les membres d'une même patrie.

IV

De la tenue qui convient en présence d'un convoi, dans les cérémonies funèbres et dans les lieux affectés au culte.

Gravité de la tenue. — Il arrive aussi parfois que nous rencontrons dans la rue un cortège funèbre. L'homme se découvre devant le passage du convoi, honorant ainsi son semblable jusqu'au sein de la mort; la femme s'incline, et tous ceux qui passent, émus par les graves pensées que fait naître un pareil spectacle, prennent une expression recueillie. La vue d'une famille en deuil, pleurant la mort de l'un des siens dont la dépouille est là, sous nos yeux, éveille en nous des sentiments de sympathie compatissante qui se traduisent immédiatement sur notre physionomie; il faudrait avoir une grande frivolité d'esprit et un cœur bien insensible pour ne pas les éprouver. Nous sommes toujours choqués de la conduite de quelques rares personnes dont l'animation enjouée ou les rires ne sont pas interrompus par le passage d'un convoi.

A plus forte raison, devons-nous être graves, silencieux et recueillis, si nous faisons partie du cortège; les liens de parenté ou d'amitié qui nous unissent à la famille du défunt, rendent même cette obligation plus stricte. Dans le temple, qu'il soit ou non de notre confession, nous devons nous conformer, autant que possible, aux usages qui y sont observés. S'agit-il d'un lieu de culte qui répond à nos croyances? ce sont ces croyances mêmes qui nous dictent notre conduite. S'agit-il d'un lieu de culte étranger à nos opinions religieuses? nous étions libres de ne pas y entrer; mais, du moment que nous y entrons, nous sommes tenus de ne pas choquer les fidèles, et de respecter leur liberté comme, à l'occasion, nous entendons qu'ils respectent la nôtre. La tolérance ne saurait nous imposer sans doute des actes empreints d'hypocrisie, mais l'attitude la plus correcte est de rigueur. Nous éviterons toute conversation suivie, et nous garderons un maintien posé et sérieux. Il est vrai qu'il est telles cérémonies (baptême ou mariage, par exemple), où l'on peut se départir, dans une certaine mesure, de cette gravité qui se transforme à l'ordinaire en une expression de joie recueillie. De toutes façons, notre air et nos manières seront toujours en harmonie avec le lieu où nous nous trouvons, et les circonstances qui nous y ont amenés.

V

De la tenue qui convient dans la foule, dans un endroit public quelconque.

Correction et réserve des manières. — Parmi les conseils précédents, quelques-uns concernent également la tenue que nous devons avoir dans un endroit public quelconque : salle de conférence, de théâtre, de concert. La foule qui se précipite aux abords de la porte d'entrée est souvent tumultueuse; chacun arrive avec la préoccupation d'occuper la meilleure place ; de là parfois des poussées, des bousculades ; des discussions. Le désir d'avoir un bon rang ne doit pourtant pas nous faire oublier le droit des autres à garder le leur. Il faut éviter aussi de nous laisser gagner par l'excitation générale et de nous joindre aux tapageurs.

L'homme se découvre en entrant et s'abstient de fumer; la femme garde un maintien réservé; chacun enfin doit veiller à ne rien faire qui puisse troubler l'ordre du lieu ou importuner les autres. Certaines recommandations, faites au début du cours, trouvent ici leur application toute spéciale; ainsi l'on ne prendra la place de personne, et l'on s'excusera au besoin d'avoir commis cette maladresse ; on ne fatiguera pas ses voisins par son agitation continue, son bavardage ou ses chuchotements. Ajoutons qu'une personne bien élevée évite encore, pour ne pas gêner les auditeurs placés derrière elle, de se lever sans cesse, pour mieux voir le spectacle ou l'orateur.

Le respect des autres, qui nous conduit à prendre ces précautions diverses, ne nous crée guère, en cette circonstance, d'obligations vraiment positives. Dans une réunion publique, les personnes sont plus ou moins étrangères les unes aux autres, et le même sentiment de respect qui les porte à se témoigner une mutuelle déférence, leur interdit toute amabilité indiscrète, et leur impose à ce sujet une très grande réserve.

VI

La politesse aux champs, à l'atelier, à la salle de travail commune.

Tenue et manières convenables; complaisance mutuelle. — Les ouvriers des champs ou de l'atelier, les employés occupés dans une salle commune, ont entre eux des rapports fréquents dont il convient de dire quelques mots.

Moissonneurs, faneurs ou vendangeurs, réunis pour un même travail, font ensemble la sieste ou le repas de midi. Si chacun, soucieux avant tout de son bien-être, cherchait à s'emparer de la meilleure place, à se désaltérer le premier et à sa convenance, sans s'inquiéter de ménager la part des compagnons, ces moments de repos, étapes réconfortantes dans la rude journée du paysan, seraient bien compromis. C'est surtout aux heures de fatigue que l'égoïsme naturel tend à prédominer en nous ; raison de plus pour être attentifs à s'oublier soi-même et à être complaisants. Les plus jeunes, tout particulièrement, devront apprêter les vivres, offrir les rafraîchissements, se dépenser enfin pour les autres.

Il est naturel que le travailleur cherche à prévenir ou à combattre la fatigue en se mettant à l'aise ; mais, soit qu'il quitte des vêtements, soit qu'il prenne une pose abandonnée, sa tenue ne doit jamais choquer les convenances. Il dépend également de lui que le repas aux champs, en dépit de la simplicité des préparatifs, reste agréable à prendre... et à voir prendre. Il apportera ses soins à manger proprement « sur le pouce » ; il renoncera à l'habitude de boire à la bouteille ; il se servira pour couper le pain, non de son couteau personnel, mais d'un autre réservé à cet usage ; il aura même à sa disposition, si c'est possible, une serviette qui lui permettra de ne pas s'essuyer les lèvres du revers de la main. Les jeunes gens surveilleront leurs manières, car ils ne savent pas toujours se montrer familiers sans grossièreté. Ils se garderont des propos et des chansons libres, des taquineries ou libertés déplacées à l'égard des jeunes filles, leurs compagnes de travail, et celles-ci, par leur bon maintien, sauront toujours imposer le respect.

La vie en commun dans les ateliers, les usines, etc., appelle des conseils analogues aux précédents. Bonne tenue, politesse et complaisance mutuelle les résument tous. Non seulement l'ouvrier renoncera à ces mises débraillées, à ces manières rudes ou vulgaires dont il est volontiers coutumier, mais il évitera les plaisanteries grivoises, les mots crus, les jurons, les lourdes équivoques, les chansons lestes, qui excitent autour de lui les gros rires et les épaisses gaietés. Toute proportion gardée, ces recommandations conviennent aussi aux jeunes filles dont la tenue et les entretiens, à la salle de travail commune, ne sont pas toujours très édifiants.

La fraternité ouvrière exige que l'on soit poli et serviable envers ses compagnons. On les saluera d'un bonjour et d'un bonsoir amical; on se gardera de les blesser par quelque parole jalouse ou moqueuse, par quelque allusion pénible ou gênante. On veillera à ne pas les déranger dans leur travail, par un continuel bavardage ou des mouvements incessants; on sera complaisant pour eux, surtout pour les apprentis qui sont trop souvent encore, à l'heure actuelle, les souffre-douleur de leurs aînés. L'obligeance consiste particulièrement ici à donner un conseil et, au besoin, à prêter son aide à un camarade maladroit ou inexpérimenté, pour lui éviter les reproches du patron.

L'attitude de l'ouvrier à l'égard des chefs et contremaîtres doit être exempte de toute prétention et de toute familiarité. L'autorité de ceux-ci, si nécessaire au maintien du bon ordre et de la discipline, doit être respectée. Obligés à une vigilance continuelle, à un contrôle minutieux du travail de chacun, à une certaine rigidité de commandement, il peut leur arriver de se tromper et d'adresser, de bonne foi, des observations imméritées. Dans ce cas, la meilleure manière de leur faire regretter leur erreur, c'est de ne protester que sur un ton convenable, sans éveiller l'attention générale et blesser leur amour-propre.

VII

La bonne tenue et la politesse en voyage.

Il est des circonstances qui nous mettent en rapport momentané, non plus avec des personnes plus ou moins connues de nous, mais avec des étrangers. C'est ainsi que des relations de courte durée s'établissent entre des voyageurs que le hasard a réunis dans un omnibus, une voiture publique, un compartiment de wagon; malheureusement, elles ne sont pas toujours inspirées par l'esprit de courtoisie, et tel, réputé dans le monde pour sa politesse parfaite, peut fort bien se montrer incorrect au milieu de compagnons inconnus. Qu'importe, en effet, à celui qui n'a pas vraiment au cœur des sentiments de respect et de bienveillance pour ses semblables, l'opinion que des étrangers peuvent avoir de lui! Mais c'est précisément dans ces occasions que la bonne éducation fait ses preuves de sincérité; elle reste identique à elle-même, partout et toujours, et l'homme bien élevé, dans toute l'acception du mot, se conduit vis-à-vis de ses compagnons de hasard de la même façon qu'il se conduit en société. Il s'oblige aux mêmes contraintes, il a le même scrupule pour le respect des droits d'autrui; si sa complaisance est plus réservée qu'empressée, c'est que la discrétion lui fait un devoir de ne pas s'imposer à des étrangers.

Garder une tenue correcte et réservée. — Un voyageur n'entre pas dans une voiture publique sans saluer les personnes présentes. Il doit s'assurer que la place où il s'installe est libre, en prendre une autre, après s'être excusé, s'il s'aperçoit d'une erreur, et se montrer discret dans toutes ses manières. La fatigue peut l'obliger à une tenue un peu abandonnée, mais ce laisser-aller n'est pas permis à celui qui n'a pas l'excuse d'un long et pénible voyage. La modestie fait une obligation particulière à la femme d'avoir un maintien toujours convenable, de ne pas prendre ses aises et s'étendre sur les banquettes, par exemple, en présence d'étrangers.

De même, elle doit garder beaucoup de retenue dans la conversation; elle en écartera tout sujet qui se rapporte à ses affaires personnelles, et se dérobera à toute question indiscrète. Un sentiment de dignité nous interdit d'ailleurs à tous de nous confier sans nécessité, et pour le plaisir de parler, à des inconnus. La prudence nous conseille aussi cette réserve de bon goût qui nous protège contre la curiosité de notre entourage et nous préserve de bien des familiarités gênantes. Il est aisé d'échapper aux avances d'un interlocuteur indiscret; des réponses polies, mais brèves, une lecture où l'on s'absorbe, l'attention que l'on accorde au paysage, lui enlèvent le désir de prolonger l'entretien. Par contre, et à condition de rester sur le terrain des généralités, nous pouvons échanger nos réflexions avec une personne bien élevée; ces relations, sans intimité, mais agréables, trompent souvent l'ennui et la fatigue des voyages.

Éviter de gêner nos compagnons de voyage. — On se trouve donc autorisé, selon les cas, à lier ou non conversation avec ses compagnons de route, mais il n'est jamais permis de les gêner. Si les voyageurs ne se témoignaient un respect mutuel, les longs parcours en voiture ou en chemin de fer deviendraient un supplice pour tous. A cet égard, bien des jeunes gens ont encore des progrès à réaliser. Collégiens partant en vacances, ou soldats « en permission », semblent trop souvent avoir fait la gageure d'assourdir leur entourage. Sans souci de la fatigue qu'ils lui imposent, ils crient, chantent en chœur, soufflent dans des instruments, se dépensent en frais d'ingéniosité pour faire le plus de vacarme possible et produire le plus de sons discordants. Chacun sait aussi, par expérience, combien est pénible le voisinage d'une personne qui ne s'impose pas la plus légère contrainte, qui empiète sur votre place, vous embarrasse de ses paquets, passe devant vous sans précaution, vous incommode par la fumée de ses cigarettes ou l'odeur prononcée des aliments qu'elle mange, jette les débris de son repas par terre, s'accoude à la portière vous privant ainsi d'air et de lumière, s'arroge le droit de baisser ou d'élever la glace sans consulter vos préférences, fixe sur vous une attention curieuse et gênante, et vous heurte à la descente de la voiture. Voilà, en effet, comment se comporte le voyageur égoïste et sans-gêne que le hasard malencontreux a placé sur votre route. Mais déjà vous le connaissiez, et c'était lui qui tout à l'heure essayait de vous interdire l'accès du compartiment, sous prétexte que celui-ci était complet, en réalité parce qu'il entendait y prendre ses aises. Votre tort a été d'endurer si longtemps sa présence; le savoir-vivre ne vous permettait guère d'entrer en discussion avec lui et de défendre vos droits; mais il ne vous interdisait pas de chercher ailleurs des compagnons moins importuns.

Être un compagnon de voyage obligeant. — Non seulement un voyageur bien élevé évite de gêner ses voisins, mais il saisit l'occasion d'être aimable et obligeant. C'est se montrer tel que d'aider une personne âgée ou souffrante à monter ou à descendre, de lui céder sa place pour en prendre une moins agréable ou moins commode, de prendre les bagages du voyageur qui monte, ou de les passer à celui qui descend. Toutefois, la femme doit, par une réserve toute naturelle, apporter beaucoup de tact dans ces petits services lorsqu'elle les rend à ses compagnons de route. D'autre part, nous avons dit comment et pourquoi ces prévenances envers les étrangers devaient rester discrètes, sous peine de devenir gênantes; aussi se bornent-elles, presque toujours, à de menus actes dans le genre de ceux que nous venons de signaler.

En somme, les règles positives du savoir-vivre ont ici une application assez limitée, et, en voyage, la politesse consiste principalement à s'abstenir de tout ce qui pourrait gêner ceux qui nous entourent.

CHAPITRE XII

LE SAVOIR-VIVRE DANS LA CORRESPONDANCE

Dans les chapitres précédents, nous avons envisagé les principales circonstances qui nous mettent en rapports immédiats avec nos semblables. Mais des relations peuvent s'établir à distance entre eux et nous ; c'est là l'objet de la correspondance à laquelle s'appliquent aussi les règles du savoir-vivre, et dont nous allons parler en terminant.

I

Conseils relatifs à l'aspect de la lettre et à son contenu.

Soigner la tenue matérielle de nos lettres. — Il nous arrive de juger d'après sa correspondance une personne que nous ne connaissons pas, et le fait est qu'une simple lettre peut nous donner des indications sur son auteur, dont elle reflète en quelque sorte la bonne ou la mauvaise tenue. Est-elle soignée ? Nous sommes prévenus en faveur du signataire. Ne l'est-elle pas ? Nous nous disons que, par respect pour nous et pour lui-même, il n'aurait pas dû nous adresser ce chiffon malpropre et nous condamner à déchiffrer ses hiéroglyphes. On aime à tirer de son enveloppe un frais papier, ni taché, ni froissé, d'où se détache une écriture nette, régulière, bien ponctuée, sans ratures ni surcharges, sans abréviations non plus, aisée à lire en un mot; une écriture simple aussi et que ne défigurent pas des traits de plume, à la fois ridicules et prétentieux. Si même la lettre est disposée avec goût, elle nous plaît encore davantage; ce sont de bien petits détails qui contribuent à lui donner cet aspect agréable, et il dépend de chacun de nous de ne pas les négliger; une date clairement indiquée en haut et à droite, un en-tête séparé du corps de la lettre, une marge régulière à gauche et, en bas, un espace laissé en blanc, qui servent pour ainsi dire de cadre, une formule finale et une signature en vedette, mais sans parafe ambitieux -- autant de menues précautions qui ne coûtent ni effort, ni perte de temps. Il est tout aussi aisé de faire une adresse nette et même élégante, d'après les conventions admises; le nom du destinataire, sa fonction, le lieu et le département qu'il habite, se détacheront en lignes distinctes au milieu de l'enveloppe sur laquelle un timbre sera proprement collé en haut et à droite. Ces soins divers, nous songeons assez à les prendre quand nous écrivons à des étrangers, à des supérieurs, mais ils nous paraissent inutiles à l'égard de notre famille et de nos amis intimes. Il faudrait pourtant se bien persuader que nos proches sont aussi sensibles que les autres à l'agrément d'une lettre soignée, et ne pas constituer en leur faveur un privilège à rebours.

Ne froisser nos correspondants ni par le contenu, ni par le ton de nos lettres. — Toutefois le contenu d'une lettre, plus encore que son aspect, nous permet de préjuger de l'éducation de son auteur. Il est évident qu'on peut être respectueux et délicat, impertinent et indiscret, dans ses écrits comme dans ses paroles. Les blessures qu'on fait dans le premier cas sont même plus profondes. Nous pardonnons à quelqu'un de nous avoir peinés dans la chaleur d'une discussion, de s'être montré envers nous railleur ou malicieux, autoritaire et emporté ; nous oublions moins facilement, s'il s'agit d'offense gratuite, les traits plus ou moins acérés, mais toujours conscients, qu'un correspondant agressif aiguise dans le silence de son cabinet. D'autre part, que de moyens n'avons-nous pas d'atténuer la vivacité de nos paroles par le ton qui les accompagne, par notre air, nos gestes même! Mais rien n'adoucit le sens de la parole écrite si elle n'a pas su se faire délicate et nuancée comme il convient.

Sans vouloir désobliger nos correspondants, le plus souvent par étourderie, nous commettons parfois, en leur écrivant, quelques omissions maladroites, ou même certaines fautes plus graves. N'oublions pas d'affranchir suffisamment nos lettres, afin de ne pas leur imposer le paiement d'une surtaxe. Dans un autre ordre d'idées, ne négligeons pas le mot aimable ou affectueux, selon les cas, adressé aux membres de leur famille qui pourraient être peinés de notre abstention. Joignons un timbre de réponse à la demande que nous adressons à une personne avec laquelle nous ne sommes pas en relations, à moins qu'elle ne soit notre égale en grade ou en âge. Si c'est nous qui lui répondons, au contraire, soyons attentifs à n'omettre aucun des renseignements qu'elle sollicite. Enfin, sachons discerner le ton conforme à chaque circonstance. Pour peu qu'on ait du tact, on n'écrira pas sur un ton léger et badin à des personnes affligées, et l'on évitera de troubler la sérénité des gens heureux en les occupant indiscrètement de ses propres chagrins. Il paraît bien inutile d'ajouter, tellement l'étourderie serait grossière, qu'il ne faut jamais faire allusion, dans une carte postale, aux affaires personnelles de ses correspondants.

De même que notre langage peut être plus ou moins respectueux, de même la forme et le ton de nos lettres peuvent être convenables ou non. Nous devons nous garder de toute familiarité quand nous écrivons à des personnes qui ont droit à nos égards. Non seulement dans l'en-tête et la formule finale, nous rappelons les qualités attachées à leurs fonctions, après le titre commun de « Monsieur » ou « Madame », mais par l'emploi discret de ces appellations, lorsque nous nous adressons directement à elles, nous leur marquons notre déférence. Evitons les termes prétentieux, si opposés à la simplicité du genre épistolaire, les expressions vulgaires, particulièrement choquantes sous la plume d'une femme, les formules impérieuses par lesquelles nous semblons imposer aux autres notre politesse froide et dédaigneuse. Évitons également de terminer une lettre de sollicitation par cette phrase, consacrée par un usage maladroit : « Dans l'espoir que vous voudrez bien accueillir ma demande, je vous prie d'agréer... » On comprend tout ce qu'elle a d'incivil ; il semble que nos politesses dépendent de la faveur que nous sollicitons. Nous avons le devoir d'être courtois envers tous nos correspondants, et selon la nature de nos rapports avec eux, nous nous servons de l'une des formules courantes : « Veuillez agréer (ou recevoir) mes salutations empressées, mes meilleurs compliments, l'expression de mon respect, l'assurance de ma considération, etc. » C'est au tact naturel de chacun de trouver les nuances qui conviennent en toutes circonstances. Nous employons, par exemple, une formule respectueuse quand nous écrivons à une personne beaucoup plus âgée que nous ; un homme ne la néglige jamais quand il s'adresse à une femme.

Pour faciliter l'expédition des affaires, les formules ont été supprimées dans la correspondance administrative ; mais cette mesure ne concerne nullement nos lettres privées à nos chefs hiérarchiques ou à nos subordonnés.

Du caractère intime de notre correspondance avec nos parents et amis. — Dans nos lettres intimes à notre famille ou à nos amis, le cœur trouve spontanément l'adieu déférant et affectueux à la fois qui exprime nos sentiments. Notre effort ici doit tendre à intéresser ceux qui nous aiment, à les tenir si bien au courant de notre vie et de nos pensées, que nos lettres puissent leur donner comme l'illusion de notre présence, à leur montrer surtout que nous les aimons et prenons notre part de leurs chagrins et de leurs joies.

II

Des circonstances qui rendent nos lettres obligatoires.

En dehors de cette correspondance intime, si naturellement pratiquée qu'on n'aperçoit même pas la possibilité de s'y soustraire, certaines lettres sont obligatoires. Il est telles circonstances où s'abstenir serait froisser les autres. Ainsi nous devons remercier sans retard une personne du séjour que nous avons fait chez elle, d'un service qu'elle nous a rendu, d'une invitation qu'elle nous a faite ou d'un cadeau qu'elle nous a envoyé. L'opportunité des lettres de condoléances ou de félicitations est plus évidente encore ; quand le malheur atteint une famille que nous connaissons assez intimement, ou qu'un événement heureux lui arrive, nos sentiments d'affection pour elle nous dictent généralement notre devoir. La politesse nous oblige enfin à répondre aux personnes, même étrangères, qui nous écrivent pour avoir un renseignement, ou pour nous adresser une requête, surtout si elles ont pris soin de joindre un timbre à leur demande.

III

Des lettres de faire-part et des cartes de visite.

Circonstances dans lesquelles nous en envoyons. — L'usage des cartes de visite et des lettres de faire-part n'est pas moins obligatoire dans diverses circonstances, pour ceux dont les ressources ne sont pas trop modestes. Le cercle des parents et amis qui reçoivent régulièrement de nos nouvelles est forcément assez restreint ; allons-nous donc laisser dans l'oubli le plus complet tant de personnes que nous avons connues, appréciées, aimées même et que la vie a séparées de nous. Elles nous sauront gré d'établir une différence entre elles et les étrangers. Informons-les par une lettre de part des grands événements qui surviennent dans notre famille et amènent avec eux la tristesse ou la joie (décès, mariage, naissance). Envoyonsleur aussi, au début de la nouvelle année, une carte qui leur prouvera la fidélité de notre souvenir. Il appartient à l'homme de prendre l'initiative de cette politesse à l'égard de la femme, de même que c'est aux plus jeunes à devancer les aînés. Si nous sommes fonctionnaires, c'est toujours cette carte qui symbolise les vœux respectueux que nous adressons à nos supérieurs, lorsque la distance ne nous permet pas de leur rendre visite. C'est encore elle qui exprime nos remerciements à ceux qui nous ont envoyé des lettres de part ou qui ont prévenu nos souhaits.

Conseils relatifs à la carte de visite. — Une calligraphie simple et sans prétention est préférable, pour la carte de visite, à des caractères de fantaisie. En général, la jeune fille n'a pas de cartes, mais il peut arriver qu'elle quitte sa famille, qu'elle se crée une situation, qu'elle devienne fonctionnaire, par exemple, et dans ce cas elle est obligée d'en avoir. Elle choisira un carton blanc, de meilleur goût que les autres, et n'adoptera pas ce format minuscule qui ne permet guère de la prendre au sérieux. Afin que l'aspect familier de la carte n'autorise aucune liberté à l'égard de l'intéressée, celle-ci fera précéder son nom du vocable « Mademoiselle » écrit en toutes lettres, et une simple initiale indiquera son prénom qui doit être réservé pour l'intimité. Ces prescriptions du bon goût intéressent aussi bien, d'ailleurs, la femme que la jeune fille.

CONCLUSION

Nous avons passé en revue les principales circonstances où les règles de la bonne tenue et de la politesse trouvent leur application. Cette étude trop rapide nous a, du moins, montré la nécessité de connaître et de pratiquer les habitudes de dignité personnelle, de respect et de bienveillance mutuels qui composent le savoir-vivre. Le développement, par l'éducation, des qualités sociales est indispensable pour devenir un homme bien élevé ; on peut naître avec d'heureuses dispositions et, faute de culture, manquer dans certains cas de tact et de discrétion.

Nous avons compris encore que ces habitudes n'ont de réelle valeur morale qu'à la condition de s'appuyer sur des principes, de prendre racine dans le cœur ; et d'ailleurs, elles ne peuvent se soutenir et rester toujours identiques à elles-mêmes, que si elles sont, non un simple vernis, mais la manifestation de la noblesse de l'âme. Une personne de bonne éducation a le goût délicat ; aussi sa tenue ne laisse-t-elle rien à désirer ; elle est bienveillante et redoute par suite de causer gratuitement aux autres la moindre peine ; elle a le cœur simple ; c'est pourquoi bien des travers choquants, la prétention, la préciosité, l'arrogance, l'esprit de moquerie, la vanité sous toutes ses formes, lui sont étrangers. Ils n'est pas impossible à un être orgueilleux ou vulgaire de faire illusion pendant quelque temps par un extérieur poli et aimable; mais l'erreur n'est pas de longue durée, et son entourage familier sait bien à quoi s'en tenir sur son compte.

Puisque l'homme bien élevé, dans l'acception complète du mot, est aussi l'homme « bien né », c'est à développer les bons germes de la nature enfantine qu'il faut s'appliquer tout d'abord. Sans doute, là où ces germes n'existent pas, aucun enseignement ne les fera naître ; il est des fleurs délicates qui ne peuvent s'épanouir sur un sol ingrat, et les meilleures leçons ne feront pas jaillir une pensée obligeante, une attention aimable, d'un cœur profondément égoïste. A vrai dire, ce cas est fort rare, et l'on cultive à l'ordinaire une terre plus fertile. Si l'enfant est amené de bonne heure à prendre conscience de la dignité de sa nature, à se montrer moins personnel, et à songer aux autres non pour « s'en servir », mais pour « les servir », les habitudes de politesse se grefferont aisément sur ces dispositions élevées, et se fortifieront dans l'avenir avec la pratique de la vie.

TABLE DES MATIÈRES

CHAPITRE III

La bonne tenue (*Deuxième partie*).

CHAPITRE IV

Règles générales de politesse. (Devoirs negatifs.)

« NE FAIS PAS A AUTRUI CE QUE TU NE VOUDRAIS PAS QU'ON TE FÎT »

CHAPITRE V

Règles générales de politesse. (Devoirs positifs.)

« FAIS AUX AUTRES CE QUE TU VOUDRAIS QU'ON TE FÎT »

CHAPITRE VI

La politesse dans la famille.

CHAPITRE VII

La politesse à l'école.

CHAPITRE VIII

La politesse en visite et chez nos hôtes.

CHAPITRE IX

La politesse en conversation.

CHAPITRE X

La politesse à table.

CHAPITRE XI

La bonne tenue et la politesse dans les circonstances diverses.

CHAPITRE XII

Le savoir-vivre dans la correspondance.

TOURS

IMPRIMERIE DESLIS FRÈRES

6, RUE GAMBETTA, 6

www.ingramcontent.com/pod-product-compliance
Ingram Content Group UK Ltd.
Pitfield, Milton Keynes, MK11 3LW, UK
UKHW031902260826
14628UKWH00002B/935

9 782019 138332